内部营销理论的
拓展研究

寿志钢　著

WUHAN UNIVERSITY PRESS
武汉大学出版社

图书在版编目(CIP)数据

内部营销理论的拓展研究/寿志钢著.—武汉：武汉大学出版社，2018.4
　ISBN 978-7-307-20149-1

　Ⅰ.内… Ⅱ.寿… Ⅲ.企业管理—营销管理—研究 Ⅳ.F274

中国版本图书馆 CIP 数据核字(2018)第 077404 号

责任编辑:唐 伟 责任校对:汪欣怡 版式设计:韩闻锦

出版发行：**武汉大学出版社** (430072 武昌 珞珈山)
　　　　(电子邮箱：cbs22@whu.edu.cn 网址：www.wdp.com.cn)
印刷:北京虎彩文化传播有限公司
开本:720×1000 1/16 印张:13.5 字数:283 千字 插页:1
版次:2018 年 4 月第 1 版 2018 年 4 月第 1 次印刷
ISBN 978-7-307-20149-1 定价:30.00 元

前　言

　　内部营销首先是作为一种改善服务质量的方法被提出的。服务质量是促进服务企业顾客满意的重要因素，而由于服务产品具有"不可分离性"（inseparability）、"易变性"（variability）等特质，"人"的因素对服务质量的影响显得尤为重要。因此，一些服务营销学者强调："要使顾客满意，必须拥有满意的雇员。"为了促进雇员满意，学者们提出了"将工作当作产品、将雇员当作内部顾客"的思想，由此开启了内部营销研究的篇章。随后，学者们纷纷尝试将"营销技术"运用于企业的内部管理中，进一步发展了内部营销理论。同时他们还认为，内部营销作为处理企业内部关系的一个工具，可以有效地促进企业的管理变革，并且还有助于提高企业的战略执行效率。

　　近年来，社会经济中的服务份额不断增加、企业管理变革在不断加剧、企业执行力的重要性也日益凸显。因此，具有以上功能的内部营销理论也受到了越来越多营销学者的关注。但是尽管如此，这一理论仍然存在着诸多问题。

　　首先，到目前为止，对内部营销的定义及内容尚没有一个统一的认识，理论体系并不完善，理论边界也较为模糊。这一方面为内部营销的研究留下了一个较大的空间，另一方面也使得该项研究具有一定的迫切性。其次，内部营销的理论内涵过于单薄，研究深度也有待挖掘。大多数学者眼中的内部营销只是指在企业的一些内部管理活动中使用营销方法，而且对营销方法在内部管理中的适用性问题并没有进行深入分析。更为重要的是，尽管有学者提出内部营销可通过管理企业的内部关系来促进管理变革和战略执行，但是在现有的内部营销文献中，对这一问题进行深入探讨的学者并不多

1

见，也并没有一套系统的、促进企业战略执行的内部营销工具。

本书回顾了当前的内部营销文献，对现有的内部营销理论进行了系统的梳理。在此基础上，本研究提出，内部营销与外部营销之间的差别主要在于营销对象的差异，而这种差异是以组织的边界为界限的，即内部营销是以组织的内部人员为营销对象，而外部营销则是以组织之外的人员为营销对象。因此，本书将所有以组织内部人员为直接对象的、与营销相关的活动，都纳入内部营销的范畴。

由于营销是一个广博的理论体系，它不仅限于一些技术性方法，还被看成是一种哲学和一个社会过程。本书认为这些内容都应该在内部营销理论体系中得到体现。因此，本研究尝试构筑了一个包含营销哲学、营销职能和宏观营销这三个不同维度的内部营销理论框架。在这一框架中，一个广义的内部营销涉及三个方面的内容：

（1）与营销哲学相关的内部营销包含在企业内部传播市场导向的营销观念，建立市场导向组织的所有内部活动；

（2）与营销职能相关的内部营销包含在企业内部管理中使用营销方法以及处理营销与其他职能部门的关系；

（3）与宏观营销思想相关的内部营销包含运用宏观营销中的原理来解决企业内部生产者与消费者之间的矛盾以及处理营销与企业微观环境之间的关系。

尽管本研究提出了上述较为宏大的内部营销理论框架，但是由于与宏观营销思想相关的文献极其缺乏，本书只将研究重点放在内部营销的另外两个层面上，即与营销哲学相关的内部营销以及与营销职能相关的内部营销。因此，本书的内容主要由三大部分构成。

第一部分包含第一和第二章。第一章对内部营销的现有理论进行了系统的回顾，论述了对内部营销理论进行拓展研究的意义，并在此基础上构筑了一个包含营销哲学、营销职能和宏观营销这三个不同维度的内部营销理论框架。第二章涉及的是本研究中将用到的一些关键理论工具，本章主要对服务营销理论、体验营销及交易成本理论的核心内容作了简要介绍，并论述了这些理论对本研究的意义。

　　本书的第二部分探讨的是与营销哲学相关的内部营销。作为经营哲学的营销，其倡导的是市场导向观念，在企业内部传播营销哲学的具体表现就是要求建立一个市场导向的组织。而 Grönroos（1981）、Cowell（1984）、Christopher 等（1991）等学者在对内部营销进行研究时都曾主张，内部营销的任务就是培养雇员的市场导向观念，内部营销包含发展顾客导向组织的一系列活动。因此，本研究将发展市场导向的所有活动都纳入内部营销理论框架之中，并将其称为与营销哲学相关的内部营销。基于这一原因，本书第三章对"建立市场导向的组织"这一主题进行了系统的论述，包括市场导向的概念、市场导向对企业业绩的影响、发展市场导向组织的影响因素以及测量外部市场导向与内部市场导向的工具等。

　　本书的重点是第三部分，论述的是与营销职能相关的内部营销。本部分是从一个更具操作性的角度来看待营销的内部化问题，其中包括营销技术在企业管理中的运用和营销与其他职能部门的关系管理两方面的内容。

　　在探讨营销技术在企业管理中的运用时，本书在第四章分析了促进人力资源管理的内部营销工具，尽管这是现有内部营销文献中讨论最多的话题，但是营销技术在人力资源管理中的适用性问题并没有得到应有的关注。本章首先介绍了经济环境演进背景下营销技术的变化；随后讨论了不同营销技术在企业人力资源管理中的运用情况；最后，运用交易成本分析探讨了营销技术在人力资源管理中的适用性问题。

　　本书第五章分析了促进战略执行的内部营销工具，这是内部营销学者希望发展但尚未完善的工作。该章首先强调了战略执行力对企业战略成功的意义；随后，将企业的新战略看作企业管理者向战略执行者营销的一种产品，发展了一个促进战略执行的内部营销的6Ps 组合。

　　关于营销与其他职能部门的关系管理问题，本书分别讨论了如何协调市场与销售职能的关系，如何整合营销与人力资源、营销与财务以及营销与研发这些部门之间的关系。具体而言，本书第六章讨论了影响企业市场与销售职能协同合作的关键因素以及与之相匹配的合作模式；第七章分析了分析了营销与人力资源管理部门的共同决策领域，即如何管理服务企业的接触性雇员问题；第八章分析了营销与财务管理的结合面，其中包括在流动资产管理、长期资产管理、融资决策及营销投资决策等方面，营销与财务管理应当如何合作等问题；第九章分析了营销与研发部门如何在新产品开发中进行合作，识别了营销与研发部门在合作过程中可能存在的几种障碍，并且在前人研究的基础上，构筑了一个促进营销与研发部门合作的路线图模型。

目　　录

第一章 导　　论

内部营销理论经过 30 多年的发展，已积累了丰富的研究成果，但尚未形成系统的理论体系。在对这一理论进行研究之前，本章首先对内部营销的现有理论进行了系统回顾，论述了拓展内部营销理论的意义，并构筑了一个包含营销哲学、营销职能和宏观营销三个不同维度的内部营销理论框架。

第一节　开展内部营销理论研究的意义

一、论题的提出

内部营销思想的提出源于服务企业对人员的重视。20 世纪 70 年代末到 80 年代初，服务营销成为营销理论研究中的一个热门主题。因为服务产品具有"不可分离性"（inseparability）、"易变性"（variability）等特殊的性质，所以"人"的因素在服务产业中显得尤为重要。如何处理好企业与雇员（特别是"接触性"雇员）的关系，以使其提供稳定的、高质量的服务产品，成为营销研究尤其是服务营销研究中的一项重要内容。内部营销思想正是在这一研究背景下被提出的。21 世纪初，随着传统制造企业的经营理念开始由"产品主导逻辑"向"服务主导逻辑"转化，作为处理企业内部关系的一个有效工具和关系营销理论的一个重要组成部分，内部营销思想被进一步运用于服务产业之外的其他行业。自 21 世纪以来，越来越多的学者开始关注内部营销理论，同时也有越来越多的企业开始在管理中开展内部营销活动，这与全球和中国经济的以下特征是分不开的。

1. 经济中服务份额的增加

当今世界，无论是发达国家还是发展中国家，服务经济对整个国民经济的贡献已占有很大的比重。目前，发达国家服务业占国民生产总值的 70%~80%，发展中国家的这一比值也达到了 45%~55%。世界范围内服务贸易也不断增长，自 1990—2015 年，全球服务贸易的年均增长达到了 5.1%。与此同时，制造业中服务产品的重要性也在不断增加。近年来很多传统制造企业（如家电、汽车等）的经营理念也开始由"产品主导逻辑"向"服务主导逻辑"转化，纷纷对服务产品投入极大的关注。制造类企业在提供优质实体产品的同时，日益完善附加的服务产品，附加服务已成为很多制造企业取得差异化竞争优势的一个重要手段。随着服务经济不断发展，作为提高服务质量的一个重要工具，内部营销受到更多的重视也就不足为奇。

2. 企业管理变革的加剧

随着科技的发展和市场全球化的加剧，当今企业处在一个日益变化的经营环境之中。为了适应环境的变化，企业的管理变革变得比以往任何时候都重要。内部营销能够通过协调企业管理者与雇员的关系以及内部各部门间的关系来消除变革中的障碍、促进变革的有效实施。因此，加强对内部营销的理论研究具有较大的现实意义。

3. 企业执行力的作用日益凸显

21 世纪以来，越来越多的企业认识到战略失败的原因并不是战略本身的缺陷，而在于战略无法得到有效执行。企业战略的主要目标是获得持续的竞争优势以创造价值，从而给所有者带来高水平的回报。可是若不能将其有效地付诸实践，战略就只是可望而不可即的空中楼阁，企业的生存和发展都将面临巨大的威胁和挑战。在经过精心策划的企业战略只有不足 10% 得到有效执行的同时，战略执行已经成为投资者判断企业价值最重要的非财务因素（Ernst 和 Young LLP，1998）。随着竞争环境变化速度加快，企业面临的竞争压力也与日俱增，准确有效地执行既定战略已非锦上添花，而是直接影响着企业的生死存亡。

在中国，战略执行也已成为困扰企业最高管理者最重要和最紧迫的问题之一。随着企业产权制度改革的不断深化、市场化改革进程的逐渐提速以及科学技术的迅猛发展，中国的市场竞争程度已越来越高，企业面临的市场竞争强度和压力远胜于前。特别是在中国加入 WTO 以后，经济全球化的澎湃之势已然汹涌而至，越来越多的行业和市场已逐渐向国外企业开放。尚处于初级阶段的中国企业在应对国内竞争对手的同时，还要面对经过成熟市场环境锤炼的跨国企业的强大攻势。企业战略的制定与执行问题从来没有像现在这样严峻地摆在中国企业的面前。诚然，中国企业的战略规划水平尚有待于进一步提高。但是，在战略意识逐渐成熟的过程中，有效地执行既定的战略才能为企业赢得更多成长与学习的机会和时间。执行能力的不断增强反过来也会促进战略制定水平的提高，只有这样，企业才能不断在制定与执行战略的轮回中逐渐从稚嫩走向成熟。

在齐大庆等学者（2004）发展的战略执行力的理论框架（见图 1.1）中，共识、协同和控制是企业战略执行力的三大支柱。内部营销首先可以通过整合各部门间的关系，减少各部门间的冲突，促进各部门间的有效合作来促进企业战略及各部门战略的协同实施；其次，雇员在内部营销的作用下可能会得到更好的激励，从而在执行战略中变得更容易接受指挥，使得企业的信息控制及行为控制更为有效；另外，在推广战略思想及方案时，战略的发起者（可能是企业，也可能是某个部门）可以运用营销方法来促进企业中的其他人员理解、接受新的战略，从而使企业的各个层面更好地形成共识。因此，加强对内部营销的理论研究对提高企业的战略执行力具有较大的现实意义。

二、内部营销理论研究中存在的问题

内部营销理论经过 30 多年的发展，已产生了一定数量的研究成果。但是回顾该领域的文献，可发现当前研究至少存在以下几个方面的问题。

1. 理论体系尚不完善

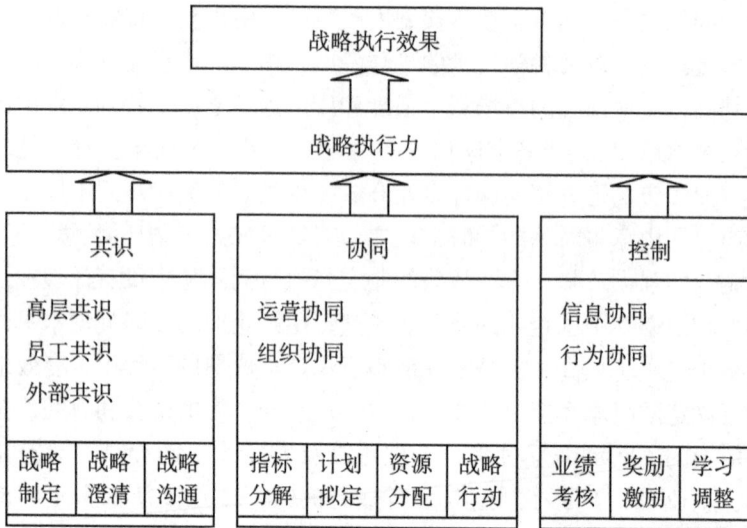

图 1.1 战略执行力的理论框架（齐大庆，2004）

对内部营销的定义及内容尚没有一个统一的认识，理论体系并不完善，理论边界也较为模糊。这一方面为内部营销的研究留下了一个较大的空间，另一方面也使得该项研究具有一定的迫切性。本书回顾了大量的内部营销文献，对现有的内部营销理论进行了系统的融合，给出一个广义的内部营销定义，为确定内部营销的边界及构筑一个完善的内部营销理论体系奠定了基础。

2. 理论内涵过于单薄

大多数学者眼中的内部营销只是指在企业的一些内部管理活动中使用营销方法。然而，学界普遍认为，营销是一个广博的理论体系，并不仅限于一些技术性方法，它还被看成是一种哲学和一个社会过程，因此，本书主张这些内容都应该在内部营销理论体系中得到体现。本书尝试构筑一个包含营销哲学、营销职能和宏观营销三个不同维度的内部营销理论框架，并将建立市场导向组织的内部活动纳入这一框架，同时强调了内部市场导向与外部市场导向的平衡。这一工作不仅丰富了内部营销的内容，而且还弥补了传统的市场导向理论的缺陷。

　　3. 研究深度有待挖掘

　　纵观内部营销的现有文献，不难发现，内部营销理论的研究成果在深度方面有待挖掘。首先，在现有的研究成果中，受到最多关注的是如何在企业的人力资源管理中使用类营销技术这一问题，学者们纷纷尝试着将不同经济形态演进背景下的各类营销方法运用到企业内部的人力资源管理之中，但是类营销方法在人力资源管理中的适用性问题并没有得到应有的关注。本研究将使用交易成本分析方法对这一问题提出自己的见解。

　　其次，强调在企业内部管理中使用类营销方法的学者们同时也强调内部营销可以促进企业的战略执行，但在现有的研究成果中，并没有一套系统的、促进企业战略执行的内部营销工具，本研究将在战略执行理论的基础上发展一套促进企业战略执行的内部营销组合。

　　最后，很多学者强调内部营销可用于促进企业内部各部门之间的关系。但是，在现有的内部营销文献中，对这一问题进行深入探讨的学者却并不多见。本书拓展了内部关系营销的内容，将营销的内部职能之间，以及营销与其他职能部门之间的关系管理纳入内部营销的框架，在系统分析营销与其他职能部门关系的基础上识别了营销与其他部门的共同决策领域，并探讨了如何管理这些结合面的问题。这些工作在理论上将进一步深化内部营销的研究内容，在实践方面也必将有利于促进企业中的部门合作，从而进一步促进企业战略的顺利实施。

第二节　内部营销文献回顾

　　内部营销思想于20世纪80年代起源于西方发达国家，但经过20多年的发展，仍未形成统一的定义。回顾与内部营销相关的文献，其研究内容主要集中在三个方面。一是内部营销的目的及内容，这一领域的研究回答了"内部营销是什么"；二是内部营销的模型及工具，这一领域的研究回答了"内部营销怎么做"；三是内部营销的应用情况及应用后的效果测度，这类研究主要以案例分析和定量分析为主，反映了内部营销在企业中的应用程度、企业开展内部营销活动的过程以及实施内部营销战略后的效果等内容。下文将对这三方面的内容进行较为详细的介绍。

一、内部营销的目的及内容

对内部营销的目的和内容的探讨是为了回答"内部营销是什么"这一问题。内部营销的最终目的是为了提高外部营销的绩效，但在内部营销理论30多年的发展过程中，不同学者对它的直接目的却作了不同的论述，而不同的目的又决定了内部营销包含不同的内容。本书将内部营销的目的分为以下几类，并通过回答"谁是营销者""被营销者是谁"和"营销什么"这三个问题来阐述内部营销在不同目的下的主要内容。

1. 雇员激励和雇员满意

内部营销思想源于对服务营销的研究，提出该思想的初始目的是为了提高服务质量。"人"的因素在服务企业中显得尤为重要，有效地激励服务企业中的员工并尽量保持他们的工作满意度是提供良好服务质量的重要保证，而要使企业拥有满意的雇员，一个有效的方法就是"将雇员当作顾客"，即企业向雇员（内部顾客）营销工作岗位（产品）。首次提到这一观念的学者是 Sasser 和 Arbeit（1976），他们在《在服务产业中推销工作》一文中主张，以吸引最优秀的雇员的方式向雇用市场推销服务工作岗位。此文认为："将所提供的工作当作产品并将雇员当作顾客，这样可以促使经理们对工作岗位的关心程度与对购买者的关心程度保持一致。" Berry（1981）则是最早正式使用"内部营销"一词的学者，他于1981年在《零售银行杂志》上发表了名为《将雇员当作顾客》的文章，将内部营销定义为："内部营销是指将雇员当作顾客，将工作当作产品，在满足内部顾客需要的同时实现组织目标的营销活动。"之后，Berry 和 Parasuraman（1991）修正了他们的定义，新的定义是："内部营销通过创造满足雇员需要的工作来吸引、发展、激励和保持高质量的雇员。它是将雇员当作顾客的哲学，是使工作符合

6

人的需要的一种战略。"Helman 和 Payne（1992）也认为："内部营销起初被作为一种服务管理的方法，这种方法运用了传统营销的概念和营销组合，在企业内部，雇员被当作组织的顾客，以通过提高组织内部关系的方法来提高组织绩效。"

对内部营销的这一观点，Rafiq 和 Ahmed（1993）提出了以下几点批评：

◇ 将工作当作"产品"是不确切的，因为企业营销给雇员的"产品"很可能是雇员不想要的或是有副效用的工作，但是雇员却并没有自由的选择权。由于契约的约束，雇员只能被迫接受。这与外部营销有着很大的不同。

◇ 使雇员满意的成本很可能是巨大的。

◇ 将雇员看作顾客可能会导致雇员和顾客到底谁更重要的争论。

2. 培养企业员工的顾客导向

以 Grönroos（1981）为代表的学者强调内部营销的一个重要目的是培养员工的"顾客导向"意识，并率先在服务业中提出了"互动营销"（interactive marketing）的概念。Grönroos 认为，接触性雇员和顾客之间的相互作用对购买及重复购买决策有重要的影响，而且雇员在为顾客提供服务的过程中，同样也可以开展营销活动，从而为企业提供了更多的营销机会。因此，内部营销的目的是"激励雇员，并且使其具有顾客导向观念"（Grönroos，1981）。也就是说，光是激励雇员让他们干好分内的工作还是不够的，还要使他们成为具有主动销售意识（sale-minded）的人，即：可以使他们成为一个"兼职的营销者"（Grönroos，1984；George，1990；Gummesson，1991；Lawton，1991；Cahill，1996）。

对于非接触性雇员，具有顾客导向观念也是重要的。Cowell（1984）认为："内部营销是一种能激励企业中的所有雇员（无论是前台的服务人员还是后台的服务支持者）去发现他们自己的作用，树立顾客导向和服务导向的观念，以满足外部顾客需求的管理方法。"Helman 和 Payne（1992）也认为，"具有顾客导向观念的非接触性雇员也有可能会与顾客发生一些意外的接触，他们的行为会影响到顾客对企业及其产品和服务的看法"。顾客导向观念还意味着要使非接触性雇员考虑内部顾客的需要，内部营销引用了 TQM 理论在 20 世纪 50 年代提出的观点，要求企业的员工将接受其服务的内部雇员看作他们的内部顾客，而内部顾客的满意则是衡量他们的产品和服务质量的一个重要标准。

综上所述，内部营销在实现这一目的时，企业是营销者，员工是被营销者，而营销的内容则是"顾客导向"这一营销观念。

3. 消除部门间冲突和矛盾

在内部营销的理论中，Grönroos（1981）还提出了另外一个重要的思想。他认为："有效的服务需要前台与后台雇员的共同合作，内部营销还是整合企业不同职能部门的一种工具。"由于企业内部的各职能部门间经常存在着不同程度的冲突和矛盾，对职能部门的整合可以达到减少或消除这些冲突和矛盾的目的。内部营销这一"多职能整合"的功能得到了一些学者的认同，如 Georger（1990）、Glassman 和 Mcaffee（1992）研究了内部营销在整合"营销和人力资源职能"中的作用；Gupta 和 Rogers（1991）则强调内部营销在整合"营销和研发职能"中的作用。

内部营销这一"整合功能"是通过"运用营销方法向其他部门营销自己以及本部门的战略，以使其他部门认识到本部门的作用"（Helman 和 Payne，1992）来实现的。此时的营销者是企业中的某一个部门，被营销者是企业中的其他部门，而营销的内容则是作为营销者的这个部门本身及其战略。

4. 促进战略的有效实施

当一个企业或是其中的某一个部门准备实施一个新的战略时，必然会在组织内部引起一定程度的变革。内部营销被认为可以用来减少或消除组织变革中的阻力，以促进企业整体战略或各部门战略的有效实施。内部营销的这一作用可以从三个方面来实现。首先，它可以整合各部门间的关系，减少各部门间的冲突，各部门间的有效合作可以促进企业战略及各部门战略的有效实施；其次，雇员在内部营销的作用下可能得到更高的激励，从而在执行战略中变得更容易接受指挥；最后，在推广战略思想及方案时，战略的发起者

8

（可能是企业，也可能是某个部门）运用营销方法来促进企业中的其他人员理解、接受新的战略，从而可以促进该战略的有效实施。

最早将内部营销作为一种管理员工的技术用以实现组织战略目标的学者是 Winter（1985）。他将内部营销定义为："内部营销是面对组织的目标，调整、培训和激励员工的过程。通过这一过程，员工不仅认识到组织战略计划的重要性，而且认识到他们自身在其中的地位。" Rafiq 和 Ahmed（1993）给出的内部营销定义则更直接地强调了内部营销对有效执行企业战略的促进作用。他们的定义是："内部营销是克服组织变革障碍，引导、激励和整合雇员去有效执行公司和部门战略的有计划的努力。"

尽管内部营销被认为有助于促进企业中所有战略的实施，但是营销学者们更多地将重点放在它对外部营销战略实施的促进作用上。这些学者（Ballantyne, 1991, 1992; Christopher et al., 1991; Piercy & Peattie, 1989; Piercy & Morgan, 1989, 1990, 1991）强调内部营销计划的实施可增强雇员对外部营销战略的认识、理解、参与及认同，从而大大地增强了外部营销战略成功实施的可能性。

综上所述，内部营销在实现这一目的时，营销者是战略计划的发起者，被营销者是战略计划的执行者，而营销内容则是需要执行的企业或部门战略。

5. 增加销售以及增强企业整体形象

一些学者（Varey, 1993; Helman & Payne, 1992; Cahill, 1996）主张内部营销还有另外一个目的，就是向内部员工营销自己的产品和服务。这样企业不仅可以在一定程度上扩大销售，而且当外部顾客发现企业内部的员工均对自己的产品和服务有偏爱时，会增强对企业产品和服务的信心，从而在一定程度上提高企业的整体形象。但是也有一些学者（Mudie, 1987; Guaspari, 1991）认为内部营销不应该涉及这一范畴，因为向内部员工营销企业的产品和服务，无非是将企业的员工当作企业的外部顾客，所使用的方法也和外部营销没有什么区别，所以并不值得过多研究。

内部营销的目的和内容如表 1.1 所示。

表 1.1　　　　　　　　内部营销的目的和内容

直接目的	营销者和被营销者	营销什么	代表学者
雇员满意	企业→员工	工作岗位	Sasser 和 Arbeit、Berry、Parasuraman、Helman 和 Payne
培养有"顾客导向"意识的雇员	企业→员工	外部顾客导向和内部顾客导向	Grönroos、George、Gummesson、Lawton、Cowell、Richardson 和 Robinson、Schonberger、Ciampa
消除部门间障碍	部门→其他部门	本部门的理念和战略	Georger、Glassman 和 Mcaffee、Ashok K. Gupta 和 Everett M. Rogers
促进战略变革的实施	企业→全体员工 部门→其他部门	企业的整体战略 部门战略	Winter、Rafiq 和 Ahmed、Ballantyne、 Christopher 等、Piercy 和 Morgan
增加销售量及加强企业产品的形象	企业→员工	企业产品和服务	Varey、 Cahill、 Helman 和 Payne

二、内部营销的理论模型和工具

与本主题相关的研究从理论上回答了"内部营销怎么做"这一问题。下文首先回顾内部营销的理论模型。

（一）内部营销的理论模型

Rafiq 和 Ahmed（2002）在对内部营销理论模型化的工作中作了重要贡献。他们回顾了内部营销的文献，分别为 Berry 和 Grönroos 的内部营销理论构筑了两个概念模型，并在此基础上整合了一个新的概念模型和一个简化了的研究模型。下文将通过对这些模型的介绍来观察内部营销的工作原理。

1. Berry 的内部营销理论模型

Berry 的内部营销理论模型如图 1.2 所示。

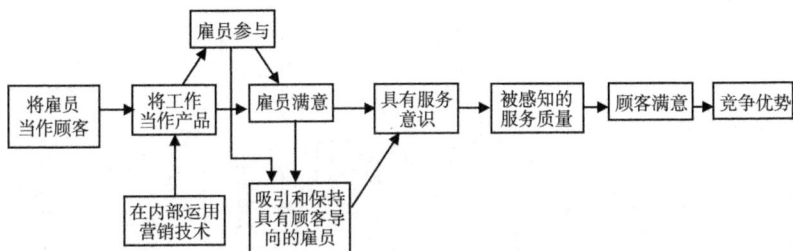

图 1.2 Berry 的内部营销模型

（1）该模型的主要特征是将"雇员当作顾客"会导致雇员工作态度的转变，满意的雇员会变得更具有服务意识，这将使企业能提供更高质量的服务并在市场上具有竞争优势。

（2）将"雇员当作顾客"需要将工作当作企业的另外一种产品。雇员的需求将被考虑，以使工作岗位对他们有较大的吸引力。

（3）将工作当作产品就需要在人力资源管理中运用一种新的方法，其中包括运用营销技术吸引和保持具有"顾客导向"观念的雇员。

2. Grönroos 的内部营销理论模型

Grönroos 的内部营销理论模型如图 1.3 所示。

构筑这一模型的基本思想是雇员需要具有顾客导向意识和主动销售意识，以便他们能利用与顾客互动的机会提供更高质量的服务并产生更多的销售，从而导致企业更多的盈利。其主要特征是：

（1）企业在员工招聘和培训方法等方面都要认识到"具有顾客意识的雇员"是非常重要的。参与性的管理风格也有助于雇员具有顾客导向，因为它能使雇员在服务传递过程中拥有更多的自主权，从而能更好地利用互动营销的机会。更多的自主权还会使雇员能够更好地控制他们的工作，从而达到更高的工作满意度，而工作满意又会使雇员受到更多的激励和具有更多的顾客导向意识。

（2）营销战略及活动的任何变化情况都应该在实施之前告知雇员，这样雇员就能充分意识到他们在服务创造和服务传递中的重

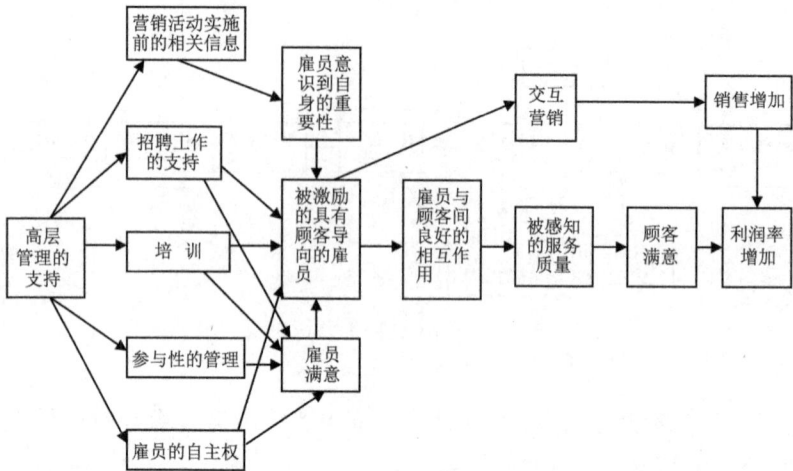

图 1.3　Grönroos 的内部营销模型

要作用。

（3）所有的这些要求都需要得到高层管理人员的支持。

3. Rafiq 和 Ahmed 的整合模型

Rafiq 和 Ahmed 认为以上两个模型的最终目标是相同的，但为实现这一目标却使用了完全不同的机制。Berry 的模型中除了提到使用"类营销方法"外并没有指出激励雇员的机制，而 Grönroos 的模型中却忽略了将"类营销方法"放在雇员的激励工具中去。因此，Rafiq 和 Ahmed 将这两个互补的模型进行了重新整合，形成了一个新的更为复杂的概念模型（见图 1.4）。新模型建立了顾客满意、顾客忠诚和盈利率之间的关系，提出了雇员满意的前提是充分的培训、雇员自主权和参与式的管理，并强调了工作的设计要满足雇员的需求，以及营销人员与接触性雇员间的良好交流的重要性。Rafiq 和 Ahmed 认为，与以上两个模型相比，新模型主要有以下几方面的优点：

（1）新模型强调了 Berry 和 Grönroos 的模型并不是互相排斥的，而是互补的，并将他们的互补之处进行了整合以形成一个更容易理解的概念。

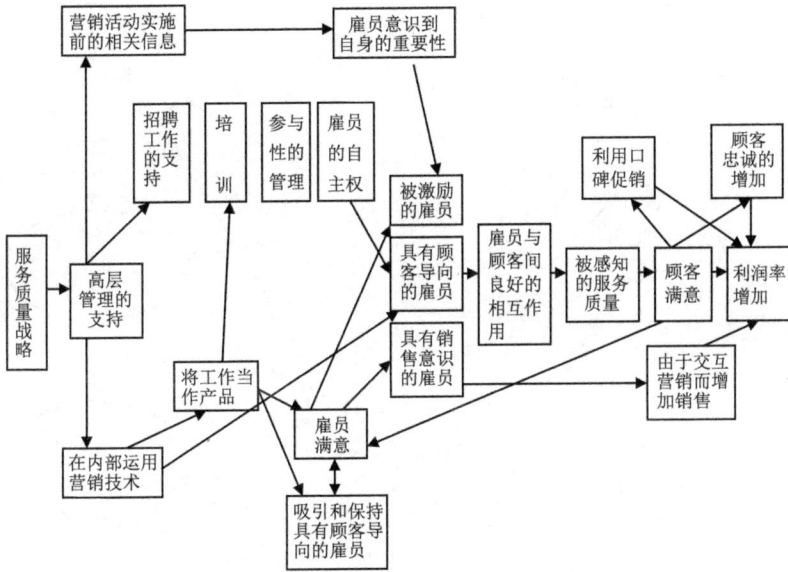

图 1.4 Rafiq 和 Ahmed 的内部营销模型

（2）新模型提出了大量需要经过实证分析来验证的假设和关系。

（3）新模型所描述的机制包含了内部营销的实施。

（4）新模型虽然有些复杂，但提供了一个更完善的内部营销观念。

4. 简化的研究模型

为了弥补整合后的模型过于复杂这一缺点，Rafiq 和 Ahmed 在综合内部营销文献的基础上又提出了一个更易理解的内部营销的研究模型（见图 1.5）。这一模型以顾客导向为核心，模型中的各变量之间的关系都可以在营销理论文献中找到出处。但遗憾的是，其中的一些关系到目前为止并没有得到很好的实证检验，特别是并没有足够的证据表明工作满意和服务质量之间有着密切的联系。因为事实上，很多员工有足够的能力将自身的情感和工作区分开来。此外，有证据表明，工作满意和顾客导向之间的联系也是微弱的。

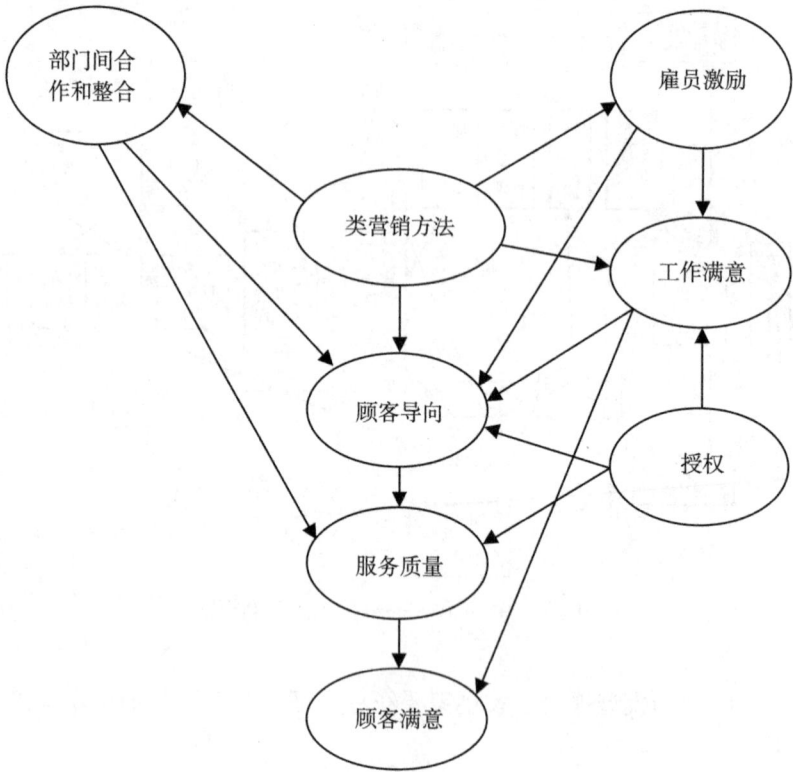

图 1.5　Rafiq 和 Ahmed 的简化模型

5. Varey（1995）的"整合市场导向的管理"模型①

Varey 将内部营销作为一个整合市场导向的管理过程或机制，并为之建立了一个复杂的整合模型。为了达到建立顾客导向的目的，这一模型对所使用的方法几乎没有限制范围。模型还再一次强调了 Berry 等人的观念，即："内部营销需要在一个较长的时期内完成。"（Berry et al.，1985）这一模型所具有的显著特征是：

————————

① Varey 的模型或于复杂，因此作者并没将其列出，有兴趣的读者可以参考 Varey 于 1994 年 1 月发表在 *International journal of service industry management* 上的文章。

14

（1）在公司的价值创造过程中，所有活动都和外部环境相联系。

（2）公司的价值创造能力（特殊的能力）是不易被模仿的，这些能力的核心表现于在价值创造活动中作出哪些决策，为何作出这些决策，以及如何作出这些决策。

（3）为了对来源于内部和外部的新信息作出回应，模型的过程需要高度重复和互动。

（4）所有的雇员都是服务的提供者，他们对外部顾客或内部顾客提供服务，这些都需要培训。

（5）模型所包含的信息流和复杂情况需要以互动的、双向的方法进行交流。

（6）每个人都要领会到自己在公司向顾客传递价值的过程中必须做些什么。

（7）模型所描述的内容是一个顾客关系管理系统。

此外，Ballantyne（1997）还对澳大利亚最大银行之一的 ANZ 银行的案例进行了深入的研究，为企业中的知识管理和知识革新建立了一个内部营销模型。Lings 和 Brooks（1998）则利用服务蓝图法（service blueprinting）建立了一个内部营销的内部顾客模型，他们认为这一模型充分表明了内部营销对提高顾客服务质量的重要意义，可以直接运用于服务企业。

（二）内部营销的工具

Berry 和 Grönroos 都强调了在内部营销中使用"类营销方法"，因此，对内部营销工具的研究主要受到外部营销方法的启发。

Flipo（1986）也许是最早在内部营销中使用 4Ps 框架的学者，他对内部营销工具的描述是：（1）产品：指工作。（2）价格：主要指雇员付出的体力和脑力劳动成本以及对工作不满意时的心理成本。（3）分销：为将工作销售给更合适的人或使工作岗位更具吸引力，企业应当尽量使工作场所离雇员居住的地方更近一些，类似于使外部消费者更方便地得到产品。（4）促销：通过与员工的双向交流来促进员工了解和接受工作及企业的各类战略。Piercy 和 Morgan（1991）也建议内部营销战略可以使用外部营销技术中的

15

4Ps 工具去处理内部雇员市场中的问题，此外，Collins 和 Payne（1991）则在 4Ps 框架下为人力资源管理开发了一套工具。

Rafiq 和 Ahmed（2002）却认为，内部营销所要营销的内容主要是一些与服务类似的无形产品，而 7Ps 模型（特别是其中的"过程"和"参与者"这两项）可以清晰地认识到不同职能间的相互作用，因此他们建议在内部营销中使用以服务营销的 7Ps 模型为基础的工具。Rafiq 和 Ahmed 开发的工具是：

（1）产品。指需要营销的所有的"提供物"。可以是一种战略、一个理念或是一种新的业绩测量方法，乃至提供的一种服务或一个工作岗位。

（2）价格。Piercy 和 Morgan 认为价格应该是雇员的心理成本（当内部营销是为了推动变革时）或内部转移价格（当内部营销是为了向其他部门营销本部门的服务时）。但 Rafiq 和 Ahmed 却认为价格应当是组织和个人所获得的效用与所支付的成本之间的差额。

（3）促销。可将外部营销中的一些促销方法直接运用，包括面对面的交流、为员工提供物质激励、外部及内部广告、树立典型进行宣传等。

（4）分销。Piercy 和 Morgan 所指的分销主要是在人力资源管理背景下讨论的，它是指传递内部服务的地点（如会议、培训），也可能指帮助企业进行人力资源活动的第三方，如咨询和培训机构。而 Rafiq 和 Ahmed 提的分销主要指组织中的工作环境，包括有形的和无形的环境两个方面。无形的环境主要指企业中的工作氛围和企业文化，有形的环境主要指工作环境中的一些有形设施。

（5）实体展示。包括主要展示和外围展示。主要展示包含工作场所及设施（主要展示在内部营销中不如在服务营销中重要）。外围展示包括资料、培训手册等，这些在内部营销中较为重要，因为这将是员工执行新的政策或战略的依据。

（6）过程。是指雇员接受"内部产品"的具体方式，如一个新的战略或政策是通过集体协商还是单方面地强加给雇员，员工在选择工作岗位时有多大的自主权等。在交流方面，过程可以指传递信息的方式，如是通过传单、录像还是通过上一级的管理者将变革信息传递给员工。

（7）参与者。即指参与内部营销活动的人，包括传递产品和接受产品的人。

Cahill（1995）提出"学习型组织"是内部营销的一个新的工具，因为企业向一个学习型组织转变是正确实施内部营销的一个必要的阶段。他在介绍如何实施内部营销时，还提出了"交叉销售"和"利润分享"是内部营销的两大重要工具。

Ballantyne（2000）在为知识管理开发内部营销的工具时试图强调关系营销方法在内部营销中的运用。他认为，在知识管理中，内部营销的方法有两类，一类是使用包括4Ps的交易营销方法，另一类是使用包括更多合作性方式的关系营销方法。

三、内部营销在企业中的应用情况和效果测度

内部营销理论自20世纪80年代初被提出以来，在企业中得到了越来越多的运用。一些学者对内部营销在企业中的运用方式、运用程度以及运用后的效果也作了一定程度的研究。这些研究成果有助于改进内部营销的操作方法，促进内部营销在企业中的有效运用。

20世纪80年代，MacStravic（1985）试图将内部营销运用于医院管理。Richardson 和 Robinson（1986）研究了一家零售银行中内部营销对顾客服务的影响。Gummesson（1987）研究了爱立信公司如何通过内部营销来创造新的企业文化。Tansuhaj、Wong 和 Mc-Cullough（1987）等学者研究了内部营销对泰国银行中顾客满意的影响。

90年代以后，营销学者们（Varey、Payne、Ahamed 等）意识到对内部营销的研究不能仅仅停留在理论分析上，而应当进行更多的实证研究。因此，对内部营销进行实证分析的文献逐渐增多，但大多数文献仍然是在案例分析的基础上定性描述了内部营销在企业中的运用情况，只有少量文献在对内部营销的效果进行测度时使用了定量分析的方法。

Thomas、Farmer 和 Wallace（1991）通过对一个老年人医疗服

务案例的研究强调了内部营销的重要性。Shimpock-Vieweg（1991）研究了在法律服务中的内部营销。Freeman 和 Varey（1997）研究了不同性别的企业家对内部营销的偏好。他们认为女性企业家和男性企业家之间有不同的商业价值观，不同的管理风格和交流风格，因此女性企业家比男性企业家更愿意在管理中开展内部营销活动。

　　Ballantyne（1997）以"局内人"的角度对澳大利亚的 ANZ 银行开展的内部营销活动进行了深入的调查和分析，在此基础上，他将内部营销当作企业内部知识革新的工具，并为之建立了一个理论模型。Sargeant 和 Asif（1998）则通过对一家英国银行的调查来试图检验内部营销在金融服务领域的运用，以探索将内部营销是否有可能作为一种创造可持续竞争优势的工具。Lings 和 Brooks（1998）调查了一个英国的中型服务企业，他们利用 SERVQRAL 模型对实施内部营销活动前后企业的内部服务质量及外部服务质量的变化进行测量，以此来测度内部营销的效果。

　　Quester 和 Kelly 在 1999 年时对澳大利亚的金融机构进行了广泛的调查，以了解正式的内部营销活动在这些机构的运用情况；Barnes 和 Morris（2000）则介绍了法国和英国的中型企业是如何运用内部营销来修订质量意识的；Czaplewski、Ferguson 和 Milliman（2001）介绍了内部营销在美国西南航空公司的运用方法和效果；Maguire、Ball 和 Macrae（2001）介绍了内部营销在英国教育机构中的运用；Ahmed 和 Rafiq（2002）在其著作中提供了 18 个企业运用内部营销的简单案例；Prasad 等（2002）分析了内部营销在大陆航空公司（Continental Airlines）中的运用；Broady-Preston、Judith 和 Steel（2002）则分析了内部营销在图书馆管理中的运用。

　　Money 和 Foreman（1996）是首先对内部营销的运用程度进行定量测量的学者。他们提出了包含 15 项内容的调查表去测量企业运用内部营销的程度。Ewing（1999）运用这一工具对澳大利亚公共部门进行了调查，定量分析了内部营销与人力资源管理的联系与区别，并验证了内部营销是提高人力资源管理效率的重要前提。Carura 和 Calleya 将调查表分成三个部分（见表 1.2），运用它对一家零售银行中所有的管理人员进行了调查，并对内部营销与雇员承诺之间的关系作了定量描述。

表 1.2　　　　Carura 和 Calleya 测量内部营销程度的量表

愿景

1. 我们的组织为雇员提供了他们所相信的愿景；
2. 我们通过良好的交流将组织的愿景传递给了雇员

发展

1. 我们为提高组织的业绩而准备了优秀的雇员；
2. 组织将发展雇员知识和技能看作一项投资而不是一项成本；
3. 在组织中，发展雇员的知识和技能是一项正在进行的计划；
4. 我们教雇员"为什么做事情"而不只是教他们"怎么做事情"；
5. 在组织中，我们不只是对雇员进行训练，而是尽可能地对他们进行教育；
6. 在组织中，雇员在执行他们的职责时受到了良好的培训；
7. 组织已经灵活地满足了雇员的不同需求；
8. 在组织中我们投入了大量的精力与雇员交流

报酬

1. 我们的业绩测量和报酬系统能促进雇员协同工作；
2. 针对雇员对实现组织愿景的贡献，我们进行测量并给予回报；
3. 我们利用从雇员中收集到的数据去提高他们的工作并发展组织的战略；
4. 组织通过交流让雇员充分认识到他们在企业中的作用；
5. 在组织中，那些提供优秀服务的雇员会因为他们的努力而得到良好的报酬

四、国内的相关研究

我国学者对内部营销的研究主要从 20 世纪 90 年代中期才开始，主要涉及以下几方面的内容。

（1）对国外内部营销理论的介绍。以下几篇论文都涉及这一内容：《对服务业中内部营销管理的探索》（黄晶，1994）；《营销学理论和方法在企业内部的运用》（范秀成，1998）。《以内部营销推进全面质量管理》（段燚，2002）；《内部营销与人力资源管理关

系论》（宋思根，2002）。

（2）内部营销与企业文化之间的关系（黄静，1999；曾小波，2001）。黄静的主要观点是：内部营销一方面诠释了以人为本企业文化的内涵，另一方面为以人为本企业文化的实施提供了营销技术和方法。曾小波主要论述了内部营销在保险企业服务文化建设中的作用。

（3）设计内部营销工具（崔国华，2003）。崔国华建议将工作岗位当作"体验"这一经济提供物，并发展了基于体验观点的内部营销工具。

（4）内部营销在我国企业中的运用分析（周雪平，陈若杨，2003）。主要对电信企业开展的全员营销活动的有效性提出了质疑。

第三节 内部营销的扩展定义和理论框架

一、内部营销的扩展定义

（一）对内部营销定义的重新回顾

如前所述，内部营销理论经过 30 多年的发展，已积累了丰富的研究成果。因此，在给出内部营销的定义之前，首先对现有定义进行重新回顾：

1981 年：内部营销的目的是为了激励雇员，并培养雇员的顾客意识。（Grönroos）

1984 年：内部营销是指将雇员当作内部顾客，将工作当作产品，在实现组织目标的同时满足雇员的需求。（Berry）

1990 年：内部营销是鼓励雇员去接受公司经营哲学及政策变革的过程。（Reardon 和 Enis）

1991 年：内部营销通过创造满足雇员需要的工作来吸引、发展、激励和保持高质量的雇员。它是将雇员当作顾客的哲学，是使工作符合人的需要的一种战略。（Berry 和 Parasuraman）

1993 年：内部营销是组织中建立和改善内部交易过程的一系

列活动，其目的在于更有效地达到企业及部门的目标。（作者未知，来自于1993年EMAC年会中的"内部营销的基础"一文）

1993年：内部营销是克服组织变革障碍，激励和整合雇员更有效地执行公司及部门战略的有计划的努力。（Rafiq和Ahmed）

1995年：内部营销是一个确保组织对环境的变革作出有效的反应、保证组织能够灵活地适应新的管理安排以及持续提高组织业绩的一个过程和机制。内部营销能够帮助组织更好地适应环境变化，更好地加强组织的竞争能力。（Varey）

1997年：内部营销是一个关系发展过程，在这一过程中，员工的自觉性和知识联合起来共同创造新的组织技能，这些技能将有助于改变组织的一些内部活动以加强市场关系质量。（Ballantyne）

1998年：内部营销是改善雇员内部交流和培养雇员顾客意识的活动。（Hogg、Carter和Dunne）

1999年：内部营销是一个持续、快速的创造组织的战略变革，以适应组织的宏观及微观环境的社会过程和概念系统。（Varey和Lewis）

2000年：内部营销是一种发展组织内部各部门间雇员关系的战略。这一战略可以促使组织中雇员的自觉性与技能联合起来，以开创一个组织的知识创造过程和应对组织中需要的变革。内部营销的最终目的在于加强外部营销中的关系质量。（Ballantyne）

2002年：内部营销与组织中为达到目的而发生的资源和活动有关，这些资源和活动会影响组织文化的性质和组织的竞争力。（Michael Dunmore）

（二）内部营销的扩展定义

通过文献回顾可以发现，至今为止，内部营销并没有形成统一的定义，学者们基于各自的研究重点给出的内部营销定义在内涵和外延上都存在一定的差别。本研究更倾向于建立一个广义的内部营销概念。因为内部营销与外部营销之间的差别主要在于营销对象的差异，而这种差异是以组织的边界为界限的，即内部营销是以组织的内部人员为营销对象，而外部营销则是以组织之外的人员为营销对象，所以本研究将所有以组织内部人员为直接对象的、与营销相关的活动，都纳入内部营销的范畴。

营销本身就是一个复杂的概念，它"既是一种经营哲学，又是一种经营职能"（Baker，1976）。作为经营哲学的营销，其倡导的是市场导向观念，在企业内部传播营销哲学的主要目的就是要求建立一个市场导向的组织。作为经营职能的营销包括企业开展的一系列营销活动，与之相伴的是在营销活动中运用的一系列营销方法，包括传统的 STP 模型、4Ps/7Ps 模型以及近年来发展的一些新的营销技术。

营销还被看成是一种社会过程，这与营销的另一个定义——宏观营销相联系。麦卡锡（McCarthy）在其畅销书《基础营销学》中指出："宏观营销是一个社会过程，该过程以一种有效匹配供需并实现社会目标的方式，将经济社会的商品流和服务流从制造商引向顾客。"作为社会过程的营销是"对社会供需进行有效的匹配，以解决商品经济社会中生产者与消费者的七大矛盾，而这一职能由宏观营销机构来执行"（甘碧群，1994）。宏观营销思想除了涉及对供需匹配职能的研究之外，还包括另外两个研究范畴。一是研究营销活动对社会的影响，包括由营销活动导致的环境问题、消费者权益问题、营销道德问题等；二是研究社会对营销活动的影响，包括营销的法律环境、政治环境、经济环境等。

本研究将内部营销看作以组织内部人员为对象的、与营销相关的所有活动，因此对内部营销的讨论也应当基于上文提出的营销的三个特性，从而，一个广义的内部营销会涉及三个方面的内容：

（1）与营销哲学相关的内部营销包含了在企业内部传播市场导向的营销观念，以及建立市场导向组织的所有内部活动。

（2）与营销职能相关的内部营销包含了在企业内部管理中使用类营销方法，以及处理营销与其他职能部门的关系。

（3）与宏观营销思想相关的内部营销包含了运用宏观营销中的原理来解决企业内部生产者与消费者之间的矛盾，以及处理营销与企业微观环境之间的关系。

22

综上所述，本书为内部营销给出的定义是：

内部营销是以组织内部人员为营销对象的企业内部活动，其内容涉及营销哲学、营销职能和宏观营销思想三个层面，目的在于发展一个市场导向的组织，激励和整合雇员去有效执行公司和部门战略，以最终提高组织绩效。

根据这一定义，本研究构筑了一个内部营销的理论框架（见图 1.6），在此框架中，营销的三类特性都得到了反映。

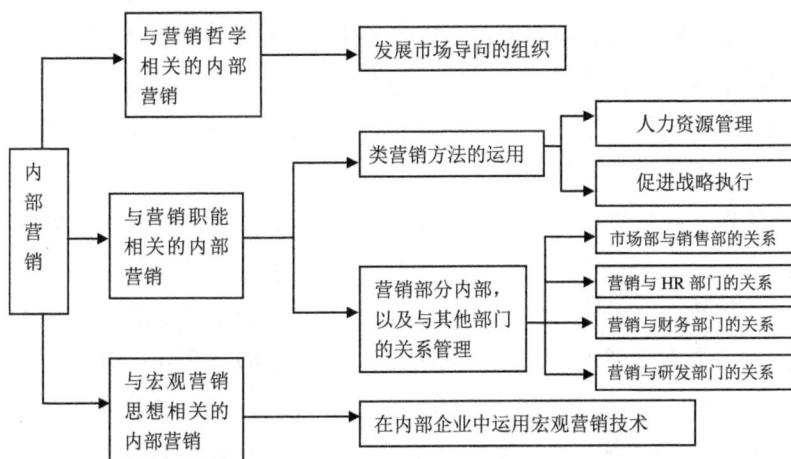

图 1.6 内疗营销的理论框架

二、内部营销的理论框架

（一）与营销哲学相关的内部营销：建立市场导向的组织

与营销哲学相关的内部营销是指建立市场导向组织的所有内部活动。市场导向的核心部分是顾客导向①，Grönroos（1981）最先将培养员工的顾客导向意识纳入了内部营销体系，并由此成为内部

————

① Deshpandé、Farley 和 Webster 等学者认为市场导向就是顾客导向，但 Kohli 和 Jaworski、Narver 和 Slater 等学者却认为市场导向包括顾客导向和竞争导向，不过他们也同意顾客导向是市场导向的核心。

营销理论的创始人之一。他认为，内部营销分为战略和战术两个层面，战略层面的内部营销就是创建一个支持顾客导向的内部环境①。Cowell（1984）也强调："内部营销是一种能激励企业中的所有雇员（无论是前台的服务人员还是后台的服务支持者）去发现他们自己的作用，采纳顾客导向和服务导向观念，以满足外部顾客需求的管理方法。"随后 Christopher 等（1991）更加明确地指出："内部营销是发展顾客导向组织的一系列的活动，其基本目的是发展内部和外部的顾客意识并消除影响组织效率的功能障碍。"本书认为可以将企业发展市场导向的所有内部活动都纳入内部营销的理论框架中，而无论这些活动是否使用营销方法。事实上，尽管 Grönroos 在内部营销的定义中建议使用"类营销方法"去发展顾客导向，但是在他的理论模型中却大量使用了非营销技术，包括参与性管理、雇员授权、以行为为基础的报酬系统设计等其他管理方法。

将建立市场导向组织的所有内部活动纳入内部营销理论体系的另外一个重要理由，来自于对发展单纯的外部市场导向观念的批判。Gummesson（1998）将局限于"顾客满意"这一观点称为另外一种营销近视症，他认为从一个只关注企业内部因素的"营销近视症 1"（Levitt 在 1960 年时提出的）到只关注外部因素的"营销近视症 2"并不意味着营销理论有多大的进展，而应当从企业外部市场和企业组织内部两方面入手来考虑问题。这一观点还可以从战略管理文献中找到支持。例如，Andrews（1997）认为企业在发展战略中应当考虑内部因素和外部因素两个方面，尽管外部因素仍然是最为重要的因素。Foss（1997）也提出了在战略管理中需要平衡对内部和外部因素的重视。因此，本研究认为，在内部营销理论框

① Grönroos 的战术性的内部营销是指向员工营销企业的产品、服务及一些理念，本书认为向内部员工营销企业自身的产品或服务不应属于内部营销范畴，而对雇员营销的一些理念则属于在人力资源管理中使用营销方法这一范畴。

架中的市场导向应包含两方面的内容，即外部市场导向和内部市场
导向，而内部营销活动的重要目标是通过在这两者之间寻求一个平
衡点以建立一个市场导向的组织。

从以上分析可以看到，将建立市场导向组织的内部活动纳入内
部营销理论的框架之下，不仅可以丰富内部营销的内容，而且可以
弥补传统市场导向理论的缺陷。

（二）与营销职能相关的内部营销

与营销职能相关的内部营销包括两个方面，一是指在企业内部
管理中使用营销技术，在内部营销的相关文献中，涉及最多的就是
这一内容；另一类是如何管理营销中的内部职能之间，以及营销职
能与企业中其他管理职能之间的关系，主要包括营销部门中的市场
与销售职能的关系，营销职能与研发、财务及人力资源等职能的关
系管理。

1. 营销技术在内部管理中的运用

内部营销起源于在企业的人力资源管理中使用营销技术，在
内部营销思想发展的早期阶段，其研究重点就集中于雇员激励和
雇员满意。内部营销概念的最早使用者 Berry（1981）给内部营
销的初始定义是："内部营销是指将雇员当作顾客，将工作当作
产品，在满足内部顾客需要的同时实现组织目标。" 1991 年，
Berry 和 Parasuraman 又将早期的定义更新为："内部营销通过创
造满足雇员需要的工作来吸引、发展、激励和保持高质量的雇
员。它是将雇员当作顾客的哲学，是使工作符合人的需要的一种
战略。" 这两个定义都表明，Berry 等学者眼中的内部营销实质上
就是在人力资源管理中使用营销工具。在 Berry 提出内部营销概
念之后，Flipo（1986）将 4Ps 组合运用于企业的人员管理中，
Piercy 和 Morgan（1991）也建议内部营销战略可以使用外部营销
技术中的 4Ps 工具去处理内部雇员市场中的问题。Collins 和 Pay-
ne（1991）则直接指出，内部营销是人力资源管理中的一种新的
思想，并讨论了在人力资源管理中如何使用市场调研、STP 模型
以及 4Ps 组合等营销方法。

营销技术还被用于促进企业的战略执行。Winter（1985）是最早将内部营销与组织战略实施联系起来的学者。他给出的内部营销定义是："内部营销是使用营销技术培训和激励员工，使他们与组织目标保持一致的过程。通过这一过程，员工不仅认识到组织战略计划的重要性，而且认识到他们自身在其中的地位。"通过这一定义可以看出，Winter 认为可以使用营销技术来加强企业与员工的交流，从而促进企业战略的有效实施。

Piercy 和 Morgan（1989）则从消除组织变革障碍的角度分析了内部营销对营销战略实施的促进作用。他们强调内部营销计划是被营销战略忽视的另一半，一个完整的营销战略应该包括内部营销计划和外部营销计划两个部分，而前者主要包括使用营销技术来增强雇员对外部营销战略的认识、理解、参与及认同，从而减少和消除战略实施过程中可能发生的变革阻力，以增加外部营销战略成功实施的可能性。Rafiq 和 Ahmed（1993）则进一步认为，所有新战略的实施都会引起组织内部不同程度的变革，使用营销技术向雇员营销新的战略可以在一定程度上消除变革障碍，从而促进这些战略的实施。

基于以上因素，在本研究构筑的内部营销框架中，对营销方法的使用被分为两个方面，一是使用营销方法促进企业的战略执行，另一个就是使用营销技术进行人力资源管理。

2. 管理营销与其他部门的关系：内部关系营销

关系营销范式的出现为营销管理带来了一场革命。在这一范式下，营销理论开始将关系管理纳入自己的范畴，而不仅只关心市场中的交易。Christopher 等建立了关系营销的六市场模型，其中的一个重要部分就是企业的内部市场，而内部市场中的关系管理即称为内部关系营销。倡导内部关系营销的学者通常将重点放在如何管理企业与雇员之间的关系上，但本书认为，企业内部市场中的另一个与营销相关的关系管理也不容忽视，即如何管理营销中的各职能之间，以及营销职能与企业其他职能之间的关系。事实上，无论是发展一个市场导向的组织①, 还是执行企业营销战略②, 营销职能内部以及其他职能之间保持良好的协调合作关系都是至关重要的。因此, 本研究将此类内部关系的管理纳入内部关系营销的范畴, 这与本书内部营销的定义也是相符的, 因为从营销部门的角度管理营销与其他部门之间的关系显然是一项以内部人员为对象, 且与营销相关的活动。

(三) 与宏观营销思想相关的内部营销

George Fisk 在 1986 年时指出, "营销作为一种社会过程这一宏观营销概念并不只限于用在经济交换中, 而且能适用于处理组织内的关系"。Varey 和 Lewis (1999) 也强调 "管理者应当发展基于宏观营销原理在组织内部运用的多方面的技能"。初听起来, 将内部营销与宏观营销相联系似乎有些牵强, 但是 20 世纪以来, 世界经济和组织结构的变革却为这一观点提供了滋生的土壤。

20 世纪 80 年代以来, 传统的计划经济国家纷纷改变了它们的经济政策, 市场经济的作用在世界范围内得到了普遍的认可。与此同时, 企业兼并和重组的浪潮导致了越来越多超级大型企业的出现, 很多大型跨国公司的经济系统, 无论是在规模还是在复杂性上, 都可以和某些国家的经济系统相比, 传统集权式的科层组织, 在这些富可敌国的跨国企业中失去了往日的生机。很多大型企业 (如强生、摩托罗拉、惠普、IBM 等) 纷纷发展一种分权式的、自下而上的组织结构。在此类组织结构中, 纵向的生产单位及横向的职能部门被转变为一个个具有较强独立性的利润中心, 传统的集权式的科层组织被转化为由几十甚至成百个独立业务单位组成的内部

---

① Narver 和 Slater (1990) 所确定的市场导向的三个行为要素中有一个是内部职能的合作, 尽管 Kohli 和 Jaworski (1990) 对市场导向下了不同的定义, 但是他们也强调营销与其他部门间的合作应该是市场导向的核心之一, Harris (1996) 从企业文化角度分析了市场导向, 并明确指出: 市场导向文化的表象是组织内部低水平的冲突和政治斗争。

② Glassman 和 Mcaffee (1992)、Rafiq 和 Ahmed (1993) 都认为, 营销与其他部门的整合可以减少组织中的部门化倾向, 减少各职能部门间的冲突, 从而促进营销战略的执行。

市场，并且在这些内部市场中，同样充斥着供给与消费以及相互竞争的关系。

宏观营销思想首先强调供给与需求的匹配。McCarthy 认为宏观营销职能通过创造时间效用、地点效用和获得效用解决了生产者与消费者之间的七大矛盾，即空间的分离、时间的分离、信息的分离、价值的分离、所有权的分离、数量的不一致和种类的不一致。尽管在企业内部的微观经济层面，内部供应者与内部顾客之间的这些矛盾也许没有外部市场激烈，但是将宏观营销思想中的一些原理用于企业内部的供应链及物流管理应当是合适的。特别对于一些大型的跨国公司，集团公司的总裁如同管理着一个国家一样管理着庞大的内部市场，宏观营销理论中的一些方法也许能够为内部市场中的供需匹配提供一些帮助。

尽管本研究为内部营销提供了一个广义的定义，并在此基础上构筑了一个扩展的理论框架，但是这一框架并没有涵盖近 30 年来内部营销理论研究的所有内容。在内部营销的相关文献中，一些学者（Varey，1993；Helman & Payne，1992；Cahill，1996）还将向内部员工营销企业自身的产品和服务当作内部营销的内容之一，其原因是这样企业不仅可以在一定程度上扩大销售，而且当外部顾客发现企业内部的员工都在消费自己的产品和服务时，会增强他们对企业产品和服务的信心，从而在一定程度上提高企业的整体形象。本书并不否认向员工销售自己的产品和服务可能为企业带来的利益，但是并不主张内部营销应该涉及这一范畴，因为向内部员工营销企业的产品和服务，无非是将企业的员工当作企业的外部顾客，所使用的方法也和外部营销没有什么区别，所以也并不值得过多研究。

三、本书的结构

尽管上文所构筑的内部营销理论框架涉及营销哲学、营销职能和宏观营销三个方面，但是由于与宏观营销思想相关的文献极其缺乏，本书并未对这些与宏观营销相关的内部营销展开讨论。同时，由于与市场导向相关的研究已非常成熟，本书也只是对这一领域的文献进行了回顾而未展开更细致的讨论。本书的研究重点放在与营

销职能相关的内部营销这一领域，第四章与第五章分析了营销技术
在企业内部管理中的运用问题。第六、七、八、九章则分别讨论了
内部营销的市场与销售职能，以及营销职能与其他职能部门的关系
管理问题。本书的结构如下所述：

第一章　导论。首先论述了本论题的意义，然后对内部营
销文献进行了全面回顾，在此基础上构筑了一个扩展的内部营
销理论框架，最后介绍了本书中使用的理论工具、研究方法和
整体结构。

第二章　内部营销拓展研究的相关理论。对本书中需要使
用的一些理论工具进行了简要介绍，包括服务营销理论、体验
营销的相关知识点以及交易成本经济学中的主要观点。

第三章　发展市场导向的组织：文献回顾。本章在回顾
"市场导向"相关文献的基础上，对市场导向的概念、市场导
向对企业业绩的影响以及发展市场导向的障碍进行了全面的、
系统的介绍，为如何发展市场导向的组织提供了重要参考。本
章还在现有的市场导向的测量工具的基础上提出了一份适合于
中国国情的市场导向量表，对内部市场导向、外部市场导向与
企业业绩这三者之间的关系进行讨论。

第四章　发展促进人力资源管理的内部营销工具。本章所
发展的内部营销技术是以人力资源管理为目的的，首先介绍了
营销技术的变化，随后介绍了不同营销技术在企业人力资源管
理中的运用情况，最后，使用交易成本分析对营销技术在人力
资源管理中的适用性问题进行了分析。

第五章　发展促进战略执行的内部营销工具。本章首先介
绍了战略执行对企业成功的意义，随后使用营销术语讨论了企
业的战略执行问题，发展了一个促进企业战略执行的内部营销
组合。

第六章　市场职能与销售职能的协同。本章首先对当前市
场和销售部门关系研究的文献进行了系统回顾，识别不同组织
架构中影响市场职能和销售职能协同效果的因素，以探究两类

职能之间的矛盾根源；随后，本章将影响市场与销售职能协作质量的影响因子与两类职能的协作模式进行匹配，试图探讨在不同的协作模式下不同影响因子的重要程度，为企业提升两部门的协作效率提供参考。

第七章　营销与人力资源管理的协同。本章分析了营销与人力资源管理的一个重要的共同决策领域：服务企业的接触性雇员管理。主要内容包括接触性雇员的授权决策、雇员感知的内部服务质量的测量方式、以行为为基础的业绩测量系统三个方面。

第八章　营销与财务管理的协同。本章分析了营销与财务管理的共同决策领域。首先分析了在流动资产管理、长期资产管理以及融资决策中财务管理与营销人员的合作，随后从财务角度分析了营销投资，介绍了一种基于ROI的营销投资决策方法。

第九章　营销与研发部门的协同。本章讨论如何通过营销与研发部门的合作来管理新产品开发。首先分析了营销与研发整合的意义，随后介绍了现有的两个整合模型，最后在前人研究的基础上，构筑了一个促进营销与研发部门合作的路线图模型。

第二章　内部营销研究的理论基础

内部营销研究起源于服务营销理论，本书对内部营销理论的深入探讨还涉及体验营销及交易成本理论。本章对这些领域中的相关知识点进行了介绍。

第一节　服务营销理论

内部营销的兴起源于服务企业对人员的重视，因此，服务营销是研究内部营销的重要理论基础，很多学者都基于服务营销中的技术和方法来发展内部营销工具。服务营销理论经过几十年的发展后已具备了非常丰富的内容，下文只对本研究所涉相关知识点进行介绍。

一、服务营销组合

针对服务产品的特有性质，服务营销学者在传统 4Ps 营销组合的基础上增加了人员（people）、实体展示（physical evidence）、过程（process）三个要素，从而形成了服务营销的 7Ps 组合。

人员：服务的生产与消费往往同时进行，消费者对服务质量的感知在很大程度上受到服务人员的影响。所以人员的选择、培训以及激励对服务质量至关重要。

实体展示：增加这一要素是为了在提供无形服务的同时提供有形证据。服务的无形性使得顾客在购买服务产品之前很难对产品进行评价，他们希望寻找有形证据帮助他们做出决策，所以需要通过良好的服务环境、优良的服务设备等有形物体给顾客一个购买理由，与此同时也减少了顾客在购买前心理上的风险压力。

过程：相比实体产品的质量，服务质量具有更大的不确定性，因此服务过程的设计和控制对服务质量的保证非常重要。建立标准化的服务过程是控制服务质量的一个有效手段。

二、服务质量

服务质量无疑是到目前为止服务营销领域中最重要的研究主题。在众多文献中，PZB（Parasuraman、Zeithaml 和 Berry）研究小组所做的开创性工作具有很高的价值。他们为评估服务质量设计了一套广为接受的概念框架，即 Gaps 模型，同时还设计了一套测量服务质量的有效工具（SERVQUAL）。Grönroos 是该领域的另一个重要贡献者，他提出了应当从技术质量和功能质量两个方面考察服务质量。

1. Gaps 模型

PZB 通过建立 Gaps 模型提出了服务质量的差距分析法（见图 2.1）。该研究认为，顾客的满意取决于他们对服务质量的期望与感知之间的差距，而服务质量管理者的工作就是要平衡顾客的期望和感知，尽可能缩小两者之间的距离。Gaps 模型提出了服务组织中可能存在的四种缺陷，这四种缺陷被称为四种差距，它们共同作用，导致了顾客对服务质量的期望与感知之间的差异，四种差距分别为：

（1）消费者期望与管理者洞察之间的差异（差距1）。

（2）管理者洞察与服务质量规范之间的差异（差距2）。

（3）服务质量规范及实际服务提供之间的差异（差距3）。

（4）实际服务提供与外部沟通之间的差异（差距4）。

2. SERVQUAL 工具

SERVQUAL 是 service quality 的简称，它是以属性为基础的服务质量测量方法中最重要的一种。PZB 在开发这一测量方法的初期确定了 10 种服务属性，在随后的工作中，他们又将这 10 种属性综合为以下 5 个方面：

（1）可靠性。准确、可靠地执行所承诺服务的能力。

（2）保证性。员工的行为是否能够增强顾客对企业的信心，

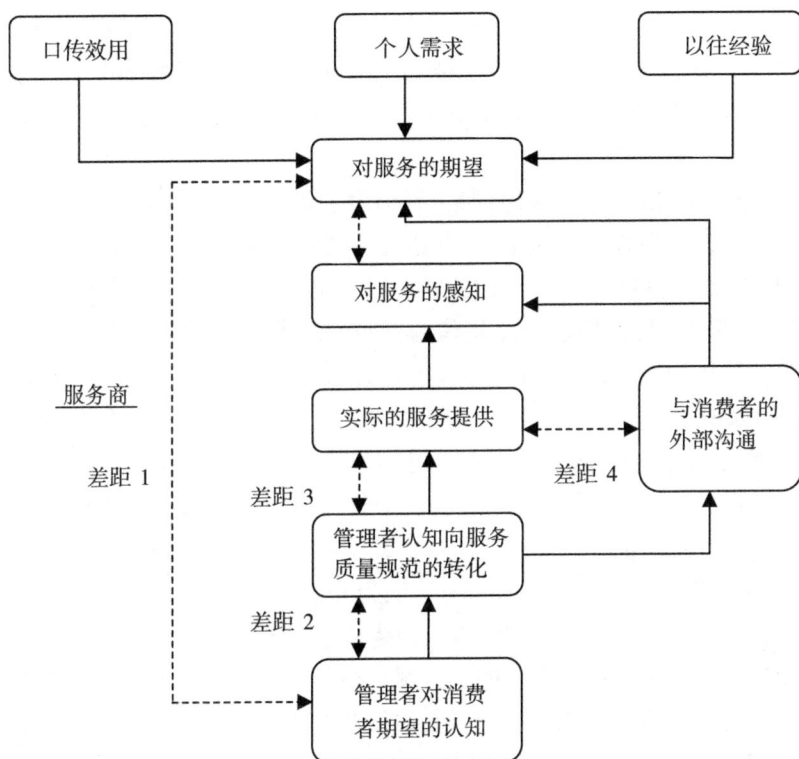

图 2.1 Gaps 模型

同时让顾客感到安全。包括员工执行任务的能力、礼仪、服务提供者的可信任程度和诚实程度等。

（3）有形性。企业的服务设施、服务场所以及员工的外表等可视的实体属性。

（4）响应性。企业员工帮助顾客的愿望以及对顾客所面临的问题给予迅速解决的愿望。

（5）移情性。对顾客的了解程度、沟通能力，以及是否能够站在顾客的角度考虑问题。

从上述 5 个属性出发，基于 Grönroos 提出的顾客差异结构，SERVQUAL 使用了一种"差异分数法"来测量顾客感知服务质量，即 SERVQUAL 方法中的调查问卷通常由反映以上 5 种质量属性的 22 个指标构成，受访者被要求填写两套用李克特量表编制而成的问卷。一套问卷反映他们对服务质量的体验，另一套则反映他们对服务质量的期望，两套问卷中对应项目的得分差值就是顾客对该质量属性的最终评分。

SERVQUAL 方法在得到广泛运用的同时也遭受了来自各方面的批评，其中尤为引起争议的是它所使用的"差异分数法"。例如：Teas（1993）在对 SERVQUAL 模型提出质疑时认为："简单地将'感知'与'期望'之差作为度量感知服务质量的标准容易产生误导作用"。Churchill、Brown 和 Peter（1993）也指出："由于 SERVQUAL 所选用的是'差异分数法'，所以其可靠性和合理性存在疑问。"甚至顾客差异结构的创始人——Grönroos 也在其著作中指出："尽管从理论上说，预期与体验的比较对研究顾客感知服务质量是有意义的，但是在实践中，却很难使用两者间的差异来度量顾客感知的服务质量。"Grönroos 认为 SERVQUAL 的主要障碍在于难以确定度量顾客预期的时点。因为如果对预期的衡量是在服务体验后或服务体验过程中，那么，顾客服务预期在衡量过程中或多或少地要受到服务体验的影响；而如果在服务体验之前对服务预期做出度量，这在很多情况下是没有必要的。研究表明，顾客并不总是用这种服务预期与其实际的服务体验来进行比较，顾客的服务体验往往会对他们的服务预期进行修正，而修正后的服务预期才是他们衡量服务质量的标准。

对 SERVQUAL 方法提出最有力批评的学者无疑是 Cronin 和 Taylor，他们认为 PZB 混淆了服务质量与顾客满意之间的概念。将顾客体验到的服务质量与顾客的期望进行比较时，如果前者大于后者，顾客会感到满意，反之则会导致顾客的不满，因此 Cronin 和 Taylor 认为 SERVQUAL 测量的是顾客满意度而不是服务质量。他们还进一步指出，顾客感知的服务质量就是顾客体验到的服务业绩（service performance）本身，因此，对服务质量进行测量只需测量顾客的体验就够了，而不必同时测量顾客对服务质量的期望。为强调顾客体验到的服务业绩的重要性，Cronin 和 Taylor 将这种测量方

法命名为 SERVPERF。SERVPERF 沿用了 SERVQUAL 中确定的 5
种服务属性，它与 SERVQUAL 的区别在于取消了用于测量顾客期
望的问卷，因此 SERVPERF 方法使用起来更为便捷，数据也更容
易处理。

SERVQUAL 方法遭受的另一个质疑是它所使用的 5 个服务属
性对所有的服务行业是否具有普遍意义。Grönroos 在其著作中的一
段描述似乎对这一质疑给出了答案，Grönroos 认为："很多研究表
明，SERVQUAL 模型所使用的 5 个服务属性对于有些服务可能是
有意义的，但对于另外一些服务企业的意义可能并不大。SE-
RVQUAL 所选择的 22 个指标也存在着同样的问题。应用 SE-
RVQUAL 必须十分慎重，究竟选择哪些指标要根据具体情况来加
以确定，因为服务内容、市场和文化环境存在着差异。"事实上，
这并不是 SERVQUAL 的独有缺陷，而是所有以属性为基础的测量
方法的共同问题。由于此类方法首先必须确定服务的属性，而不同
的服务行业之间必然存在着差异，所以无论设计得多么完备，都不
可能确定出具有普遍意义的服务属性，也就不可能设计出一种普遍
适用的测量方法。更为重要的是，由于服务属性是由测量人员事先
设计好的，顾客是在一个固定的框架中回答问题，以属性为基础的
测量方法难以充分捕捉到顾客对服务质量的各方面的感知。

此外，以属性为基础的测量方法使用李克特量表对顾客进行调
研，从顾客处收集的信息只能指出服务的失败点在何处，而不能提
供如何改善这一服务的信息，因此也就不能为服务质量管理提供过
多的帮助。而对顾客感知服务质量进行测量的目的并不只是对企业
的服务质量水平进行评分，更重要的是去寻求改善服务质量的办
法。

3. 技术质量与功能质量

由于服务具有无形性和异质性的特征，所以相对于有形产品而
言，对服务质量的评价更为困难。Grönroos 将顾客感知的服务质量
分为技术质量和功能质量两个部分。技术质量是服务结果的质量。
在服务营销中，Parasuraman 等（1985）称为结果质量（outcome
quality），Lehtinen（1982）称为物理质量（physical quality）。技术

质量是顾客在服务过程结束后的"所得"，顾客通常对技术质量的衡量是比较客观的，因为它牵涉到的主要是技术方面的有形内容。

功能质量是服务传递过程的质量。Parasuraman 等（1985）称之为过程质量（process quality），Lehtinen（1982）称之为交互式的质量（interactive quality）。顾客接受服务的方式及其在服务消费过程中的体验都会对功能质量产生影响。与技术质量不同，功能质量一般是不能用客观标准来衡量的，顾客通常会采用主观的方式来感知服务的功能质量。

如果企业具有其他企业无法比拟的技术优势，技术质量自然是质量的决定性要素。但是，在当今的服务市场上，能够做到这一点的企业并不多。企业之间的服务产品从技术角度来说并没有什么本质性的差别，要想创建技术优势非常困难，因为一旦有一种新产品或技术问世，那么这种产品或技术很快就会普及。技术质量是良好服务质量中理所当然的内容，它必须处于顾客可以接受的水平。但是可接受的技术质量并不能保证顾客所感知的服务质量是优异的，另一个重要条件是功能质量必须是良好的。因此，提高功能质量会为顾客创造附加值并建立起竞争优势。

三、服务接触

服务接触是服务营销理论的另一个研究分支，Calzon 提出的"关键时刻"是描述服务接触的重要术语，其隐含的假设是顾客对服务接触的感知是影响顾客满意度、质量感知质量以及长期忠诚度的关键因素。Bitner 和 Booms（1985，1990，1994）等学者对服务接触的研究成果受到了广泛的认同，他们使用关键事件技术先后对顾客（1990 年的研究）及雇员（1994 年的研究）进行了调查，并据此分析了服务接触中的顾客满意问题。在调查中，为了发现顾客满意或不满意的关键事件，Bitner 等在不同时期的研究中分别向顾客和雇员提出了下述问题。

对顾客提出的问题包括：

（1）描述一件你认为满意的服务事件和一件你认为不满意的服务事件。

（2）这些事件是什么时候发生的？

（3）导致这种局面的特定环境是什么？

（4）在这些事件中，与你接触的雇员到底说了什么和做了什么？

（5）你认为导致你满意（或不满意的）的原因是什么？

对雇员提出的问题有：

（1）描述一件你认为满意的服务事件和一件你认为不满意的服务事件。

（2）这些事件是什么时候发生的？

（3）导致这种局面的特定环境是什么？

（4）在这些事件中，你和你的同事到底说了什么和做了什么？

（5）是什么使你认为从顾客的角度来看这次接触是令人满意（或不满意）的？

（6）你或你的同事认为应该说什么或做什么？（仅用于不满意事件）

Bitner 等对自己的研究结果进行了多次修改，他们最终将导致顾客满意或不满意的因素分为四种类型：

（1）员工对服务传递系统失败的反应。这里所谓的服务传递系统的失败是指核心服务上的失败，包括：

①对无法提供的服务的反应。

②对特别慢的服务的反应。

③对其他核心服务失败的反应。

（2）员工对顾客需要和要求的反应，包括明示的或暗示的对个性化服务的需求。

①对有"特殊需要"的顾客的反应。

②对顾客偏好的反应。

③对可允许的顾客过失的反应。

④对可能引起争议的其他顾客行为的反应

（3）员工自发的、未经要求的行为。这是指从顾客的角度来看，这些事件和行为非常出乎意料，不是因为服务失败而触发，也没有迹象表明顾客有特殊需要或做出特殊的请求。

①对顾客的关注（比如让顾客感到特别或受宠，忽略顾客或对顾客感到不耐烦）。

②确实超乎常规的员工行为（特别不寻常的表示尊重或亵渎的行为和表情，不适当的身体接触，违反基本的礼节，举止粗鲁等）。

③在恶劣情况下的典型表现。

（4）问题顾客的行为。这是指顾客不愿意遵守法律、规章制度或不愿意与服务提供者合作。

①酗酒。

②口头或身体上的侮辱。

③违反或抵制公司政策或法律。

④不合作的顾客。例如顾客对什么都感觉到不满意，员工做的任何补偿好像都不能使他们满意。

服务营销理论中的上述内容都将为本书的研究提供理论依据。本书将借鉴服务营销中的 7Ps 组合来发展促进企业战略执行的内部营销工具；在分析营销技术在人力资源管理中的运用时，本研究将工作当成企业向员工营销的一种内部服务产品，并使用服务质量中的 GAPS 模型及 SERVQUAL 工具对这种服务产品进行管理；在分析营销与人力资源管理的共同决策领域——接触性雇员管理时，本研究还将使用服务接触中的现有研究成果。

第二节　体验营销

20 世纪 90 年代以来，一种被称为体验的经济提供物引起了众多学者的关注，而以此为核心的体验营销，也成为了 20 世纪末最受欢迎的一种新的营销模式之一。

一、体验的定义及特征

Pine II 和 Gilmore（1999）指出："体验本身代表一种已经存在但先前并没有被清楚表述的经济产出类型……是一种迄今为止尚未得到广泛认识的经济提供物。"时至今日，尽管体验经济的广度在不断地扩大，但以上论述却仍然成立，因为对体验的定义既不统一，也不丰富。常见的"体验"定义主要有以下几种：

- "体验是当一个人达到情绪、体力、智力甚至是精神的某一特定水平时，在其意识中所产生的美好感觉。"（Pine Ⅱ & Gilmore，1999）
- "体验是公司和客户交流感官刺激、信息和情感的要点的集合。"（斯科特·罗比内特，《情感营销》）
- "体验是对某种刺激（如市场营销措施）产生的内在反应，通常包括感官体验、情感体验、思考体验、行动体验、关联体验五种类型。"（Schmitt，1999）

汪涛和崔国华（2003）批评以上的定义存在两个关键缺陷：一是无法将体验和服务真正区分开来。因为服务也是一种过程或作用，也能够产生刺激使顾客产生心理变化。二是以简单刺激——反应模式来定义体验，将使体验涵盖过宽的范围，从而丧失经济提供物的基本特征。随后，他们提出了一个修正后的定义，即：体验是指在企业提供的场景中，顾客将自己作为事件中的一员主动参与表演所产生的美妙而深刻的感觉。这一定义不仅通过强调顾客的主动性区分了体验与服务的界限，而且通过对体验产生过程的限定，强调了体验作为一种经济提供物的特征。

基于以上定义，汪涛和崔国华（2003）进一步归纳了体验的特有性质，他们认为，这些性质为区别体验与其他经济提供物提供了更为简洁的方法。

（1）间接性。体验是间接的而不是直接的经济提供物，也就是说提供物的提供者——企业是无法直接生产体验并提供给顾客的，他们只能提供体验产生的土壤，体验只能是顾客自己产生并被自己消费。

（2）主动性。无论是在体验的生产过程中，还是在体验的消费阶段，顾客都具有较大的主动性，体验正是在这种主动参与过程中产生的。

（3）情感性。体验强调的是顾客心理所发生的变化，正是这种情感因素满足了顾客更高层次的需求，才使体验比其他经济提供物具有更高的价值。

（4）个性化。由于体验是情感性的提供物，而每个人的心智模式都是不一样的，所以即使同样的情景和参与也会产生不同的体验。这也进一步说明，商品经济和服务经济所恐惧的商品同质化过程，将在体验经济中得到较好的解决。

二、体验营销的特征与策略

当体验逐步占据社会经济中的统治地位时，以体验为核心的营销模式登上了历史的舞台。Schmitt 也许是最早系统论述体验营销的学者，他认为传统营销只是将顾客看作理性决策者，过分注重产品服务的功能利益；而体验营销将顾客看作既是理性的，又是情感的，它注重的是顾客的体验，产品和服务只是创造顾客体验的工具。Schmitt 从心理学的角度将体验营销策略分为以下五种类型：

1. 感官营销策略（sense marketing）

感官营销策略是指通过刺激顾客的视觉、听觉、嗅觉、味觉和触觉等感官因素来使消费者产生某些感觉上的体验。

2. 情感营销策略（feel marketing）

情感营销策略是以消费者内在的情感为诉求，通过激发和满足消费者的情感体验来实现营销目标的策略。运用情感营销策略需要了解什么刺激可能引发某种情绪，这些情绪的范围可以是温和、柔情的正面心情，也可以是欢乐、自豪甚至是强烈的激动情绪。

3. 思考营销策略（think marketing）

思考营销策略是通过启发人们的智力，创造性地让顾客获得认识和解决问题的体验。它运用惊奇、计谋和诱惑引发顾客产生相同或不同的想法，这一营销策略经常被用于高科技产品的营销中。

4. 行动营销策略（act marketing）

行动营销策略的目标是影响身体体验和生活方式。它通过增加人们的身体体验，展示做事情的另一种方法和生活形态，以丰富顾客的生活。

5. 关联营销策略（relate marketing）

关联营销策略不仅限于个人的私人情感、感受及被认知的事物、行为，而是让个体与某一品牌所反映的更广阔的社会背景和文化背景相关联。关联营销的结果往往是感官、情感、思维和行动上的体验。

近年来，国内的一些学者也开始关注体验营销，但大多数人都是基于 Schmitt 的研究成果来谈体验营销策略，汪涛和崔国华的研究则是个例外。汪涛和崔国华并没有从体验的表象出发来分析体验营销策略，而是基于体验产生和消费的过程，构筑了一个更具普遍意义的、独特而新颖的体验营销组合。他们首先参考体验、商品营销及服务营销的定义，赋予体验营销一个新的定义，即："体验营销是指企业营造一种氛围，设计一系列事件，以促使顾客变成其中的一个角色尽情'表演'，顾客在'表演'的过程中将会因为主动参与而产生深刻而难忘的体验，从而为获得的体验向企业让渡价值。"这一定义的关键在于充分强调了顾客的主动性，将"主动"看成了体验营销的核心特征。

基于体验和体验营销的定义，汪涛和崔国华认为，体验营销组合应当包括五个要素，即：体验（experience）、情境（environment）、事件（event）、浸入（engaging）和印象（effect）。由于这五个要素的英文单词都是以"E"开头，所以他们将其称为 5Es 组合策略。下文对他们的研究结论进行介绍。

1. 体验策略

如同 4P 中的"产品"一样，体验是体验营销组合中最基本的要素，因此体验策略是指在实施体验营销时如何确定公司让渡价值的实质内容，即如何设计高质量的体验产品。

体验产品的设计应当建立在企业目标顾客的体验需求之上，因此实施体验营销的企业首先应当确定希望满足的体验需求，这需要通过研究目标顾客的体验消费行为、企业自身的能力以及竞争对手的体验产品来共同完成。

体验设计的另一个关键在于体验主题的选择，Pine Ⅱ 和 Gilmore（1999）认为构思一个良好的主题是体验设计的第一步。具有魅力的主题必须能够调整人们的现实感受，即能够改变人们某方面的体验，包括时间、地理位置、环境条件（熟悉的/陌生的、危

险的/安全的)、社会关系或自我形象。体验主题的选择主要通过
对现实或虚幻世界的模拟来实现，其素材的获取则可来自于多个方
面。从理论上看，社会学教授马克·特迪内在其著作《美国主题》
一书中定义了 10 类主题，在为展示体验所进行的"环境营造"中
意义重大。市场学教授 Schmitt 等人在他们的作品《市场营销美
学》中提出的 9 个主题也为体验设计提供了很好的素材（见表
2.1)。

表 2.1　　　　　　　　　　　体 验 主 题

主 题 来 源	主 题 类 型
美国主题	1. 地位、身份；2. 热带天堂；3. 荒芜西部；4. 古典文明；5. 乡愁；6. 阿拉伯狂想；7. 都市情调；8. 堡垒建筑与警戒；9. 现代主义与进步；10. 无法展现的展现（如越战军人墙）
市场营销美学	1. 历史；2. 宗教；3. 时尚；4. 政治；5. 心理学；6. 哲学 7. 实体世界；8. 大众文艺；9. 艺术

　　体验设计还涉及对体验类型的选择。Pine Ⅱ 和 Gilmore（1999）
根据体验消费者的参与度和体验环境与消费者的相关性将体验分为
的娱乐的体验、教育的体验、审美的体验和逃避现实的体验四种类
型；Schmitt 则从心理学的角度出发，将体验分为感觉、情感、思
维、行动和关联五种类型；汪涛和崔国华（2003）从体验的现实
性与体验的约束性两个维度出发，将体验分为现实自由体验、现实
约束体验、虚拟自由体验、虚拟约束体验四种类型。但是顾客所感
知的或者说是顾客所产生的体验却无法被清楚地区分成哪一种类
型，而是几种类型的混合物。因此在设计体验时，一个恰当的体验
主题的表现形式可能不会只是单一类型的体验，而是多种体验类型
的混合体。

　　2. 情境策略

　　情境是体验产生的外部环境，包括有助于创造体验的道具、
人员以及氛围。道具是帮助创造体验感受的实体设施，是为体验

主题而服务的，因此道具的选择应当紧密地围绕体验主题来进行，既要充分表达主题的内涵，又不能喧宾夺主，过分分散顾客的注意力。

人员是指在体验场景中出现的除体验消费者本人之外的所有人员，不仅包括企业前台及后台的服务人员，而且包括同时消费体验的其他顾客。企业的前台服务人员是企业与体验消费者之间的桥梁，他们要向体验消费者传授参与体验事件所需具备的知识和技能，在必要的时候要扮演一定的角色，要控制体验活动按照预先设计的流程逐步展开，同时还要在出现问题时承担危机管理的职能。企业的后台服务人员同样是体验活动得以顺利进行的重要支持者，他们的主要职责就是保证活动中的每个人和每件物品能够在正确的时间出现在正确的位置上。服务营销理论经过多年的发展，对管理前台及后台的服务人员都提出许多成功的策略，体验营销中的情境策略应当充分借鉴服务营销在这一方面的研究成果。

影响顾客体验效果的另一类重要人员就是同时消费体验的其他顾客。利益摩擦或观点对立是顾客之间在事件进行过程中产生冲突的主要原因，在事件设计过程中对体验顾客进行清晰的角色界定是避免冲突产生的有效办法，现场的协调和组织则对化解冲突有明显作用，而后者的执行质量又与前台服务人员的素质和技能紧密相连。

道具效果与人员努力的共同作用会在体验环境中营造一些特定的氛围，如浪漫、温馨、典雅、喜庆、活跃、深沉等都是常见的气氛类型。与道具和人员这两个要素相比，氛围是无形的，这增加了对它的管理难度，因此可以借鉴戏剧理论中的一些技巧来营造和维护体验主题所需要的氛围。

3. 事件策略

此处的事件是特指为顾客设定的一系列表演程序。尽管体验是由顾客亲自参与表演而产生的，但是企业必须扮演引导者的角色，否则将无法创造出与企业定位相吻合的特定体验结果。企业对体验的过程进行特别设计的策略即被称为事件策略。

根据表演程序的松散程度，设计体验过程可分成两种模式，一种是设立严格的程序，在线游戏所创造的体验就属于此；另一种是设立一个相对宽松的程序，使其存在一定的弹性，允许顾客在一定程度上按自己的理解进行诠释，比如《体验经济》一书中提到的"迪斯尼生日俱乐部"组织的农场体验活动，顾客（一群小朋友）可以发挥自己的想象，在农场里体验旧式的农家生活（Pine II & Gilmore，1999）。

由于事件设计与剧本的情节编写存在极大的相似性，因此借鉴戏剧情节方面的编写理论是一种事件设计的有效方法。在戏剧创作过程中，讲究对情节结构做总体统筹，即合理地安排故事的开端、发展、高潮和结尾，为每一部分分配恰当的时间、空间、人员及道具。所以，如何布置体验事件的开端、发展、高潮和结尾将是事件策略的主要内容。

事件策略需要关注的另一个重点就是体验过程中的"关键时刻"。体验事件由众多的动作构成，但每一个动作对体验效果的影响都可能是不同的，可以将对体验效果产生重大影响的若干动作发生的时点定义为"关键时刻"。一个有效的事件策略必须能够准确地识别这些"关键时刻"，并合理地设计好关键时刻的系列动作甚至于在失败时可能的补救方案。

4. 浸入策略

体验营销关注的是顾客的主动参与性，浸入策略主要是指要通过营销手段使顾客真正浸入企业所设计的事件中，使体验消费者与体验情境完全融合在一起。社会学中的角色理论可以作为企业设计浸入策略的基础，它可以被简单地归纳为三个方面：（1）人所扮演的角色都是后天学会的，即角色的可学习性；（2）外界评价促进角色扮演的改进；（3）角色扮演者具有求美倾向，在角色扮演的过程中总是希望扮演得更为成功。

角色的可学习性提醒企业在组织体验事件时，要重视顾客的学习过程，营销及服务人员都应当尽可能地帮助顾客熟识所要扮演的角色。体验的角色扮演者还会根据他人对自己扮演水平的评价来调整自己的扮演行为，这些评价可能来自于企业的服务人员，也可能来自于共同消费体验产品的其他顾客。因此，如何设计企业工作人员的评价用语以及如何控制其他顾客的评价就成为设计浸入策略的一个重要内容。此外，浸入策略还应当具备的一个内容就是如何动态地掌握体验消费者在扮演角色时的心理，以充分利用他们在角色扮演中的求美倾向来促进体验事件成功地展开。

5. 印象策略

印象是顾客对体验结果的记忆，是消费结束后体验消费者在内心深处保存的体验感受。印象会影响顾客的重复购买行为及企业品牌的口碑，是维持长期顾客关系的重要因素。印象策略的目的在于通过对印象的管理来提升企业的口碑，并尽可能地促进顾客重复购买。

印象策略需要完成的工作包括负面印象的补救及正面印象的激活和加深。顾客在经历体验消费的过程中，以上任何一种体验策略的失败都可能会使他们产生负面印象，根据前景理论中的损失规避原理，设计一个负面印象补救模块是印象策略中的首要内容。在这一模块中，首先必须建立通畅的顾客投诉渠道以及时获得顾客可能存在负面印象的信息，然后可通过必要的物质及精神补偿、免费重新体验等补救措施来覆盖顾客的负面印象，并尽可能地使他们重新产生积极的体验印象。

即使顾客在体验消费中留下了正面印象，但由于印象本身具有较强的休眠性，往往需要外界相应的刺激才能够被激活，从而对顾客的重复购买以及企业的口碑产生影响。因此，印象策略中的另一个重要内容就是如何激活顾客和加深顾客的正面印象。在这一方面，可以借鉴关系营销及服务营销中的一些具体做法。例如，通过将体验过程录像保存、拍照留念、赠送或出售体验纪念品等方法使体验经历符号化，让顾客在看到这些实物时能够回忆起曾经有过的快乐。此外，建立体验会员俱乐部也是一种有效的方法，它可以使顾客在与俱乐部成员的交流中不断回放体验印象，甚至产生重新体验的冲动。

为了强调 5Es 组合策略中各个 E 之间并不是相互独立的，汪涛和崔国华（2003）还通过图 2.2 来表达了它们之间存在着的密切联系。

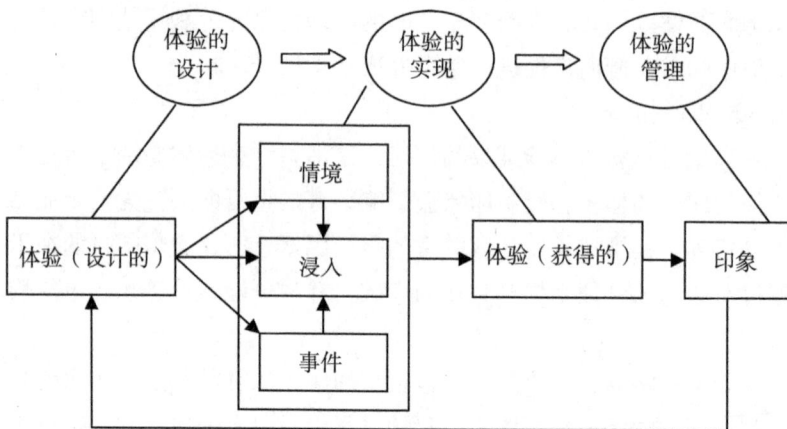

图 2.2　体验营销的 5Es 组合策略

从图 2.2 中可以看出，体验策略是体验的设计过程，是情境策略、事件策略和浸入策略的前提和基础，其他策略必须服从和服务于体验策略的基本内涵和思想。其次，情境策略、事件策略和浸入策略是体验的实现过程，企业通过这 3 个策略的实施，完成体验的生产和让渡，同时顾客也完成了对体验的消费。最后，印象策略是体验影响的管理过程，它是建立在前面几个策略的结果上的，同时又是下一个体验让渡过程的输入，影响着下一体验营销的策略组合。

从以上的介绍中可以看出，体验被看作一种从服务中独立出来的新的经济提供物，它与服务的最大区别在于：无论是在体验的生产过程还是消费过程中，顾客都具有更大的主动性。如果将工作当作雇主对雇员提供的一种经济提供物，那么在工作的生产与消费过程中，雇员（内部顾客）所具有的主动性可能是任何其他经济提供物都无法比拟的。因此，本研究认为，工作更应当被看作雇主向雇员提供的一种"体验"，而不是一种"服务"，所以内部营销技术应当更多地借鉴体验营销中的方法。

第三节　交易成本理论

交易成本理论由 Coase（1937）开创，随后又得到了 Alchian 和 Demsetz（1972）、Williamson（1975，1980）、Klein（1978）、Jensen 和 Meckling（1976，1979）、Ross（1977）、张五常（1983）、Grossman 和 Hart（1986）、Holmstrom 和 Tirole（1989）、杨小凯和黄有光（1994）等众多学者的发展，它已成为 20 世纪以来最受欢迎和最受关注的"企业理论"。

1. 交易成本的来源

一般认为，交易成本由事前成本（ex ante costs）和事后成本（ex post costs）两部分构成。事前成本包括沟通成本、协商成本和放弃次优交易的机会成本；事后成本则包括为促使契约的有效实施而发生的监督成本和由于交易可能的失败而导致的机会成本。导致交易成本的原因主要有资产的专用性和环境及行为的不确定性。其中，资产的专用性被认为是分析交易的最重要的一个维度，它是指"在不牺牲其生产价值的前提下，某项资产能够被重新配置于其他替代用途或是被替代使用者重新调配使用的程度"（Williamson，1975）。环境的不确定性会导致交易过程中的适应性问题，而行为的不确定性对交易产生的影响是加大了测量交易成本贡献的难度。表 2.2 对交易的来源和类型做了简要的归纳。

表2.2　　　　　　　　**交易成本的来源和类型**

	资产专用性	环境的不确定性	行为的不确定性
A. 交易成本的来源：治理问题的性质	保护	适应性	业绩评估

续表

	资产专用性	环境的不确定性	行为的不确定性
B. 交易成本的类型： 直接成本 机会成本	防止欺诈的安全措施的成本 投资于有效的资产失败而导致的成本	交流、协商和协调成本 不适应导致的成本	筛选成本（事前）、测量成本（事后） 选择合适的合作者失败导致的成本（事前）、在努力调整中导致的生产率损失（事后）

2. 人性的假设

交易成本理论对人性特征的假设包括四个方面。一是有限理性。即人被认为"在主观上追求理性，但只能在有限程度上做到这一点"（Simon，1961）。二是人的行为动机存在机会主义倾向。"所谓机会主义是指欺骗性地追求自利"（Williamson，1975），与之相对应的另外两个对行为动机的假设是"简单地追求自利"（新古典经济学中的行为假设）和利他主义。三是风险中性。即指交易各方既不是风险偏好者，也不是风险厌恶者。四是尊严需求。即指"人类具有对自身和社会的尊重的需求"（Williamson，1975），它既包括人类希望得到外界对自身的尊重，也具有尊重社会的意愿。Williamson 认为，尊严需求这一假设在交易成本经济学中一直被人们所忽视。

3. 交易的分析维度和治理机制

Williamson 分析交易特征的维度主要有三个。它们分别是资产的专用性、不确定性（包括环境的不确定性和行为的不确定性）和交易的频率。前两个维度本身就是交易成本产生的原因，在以上内容中已经解释。交易的频率则是一个很好理解的概念，它是指一段时间内交易发生的次数，它可将交易分为"偶尔进行的交易"和"重复交易"两大类。

将以上三个不同的分析维度相互组合，即可将交易分成多种类型。交易成本理论为不同类型的交易设计了三类治理机制，它们分别是：市场治理、关系治理和科层组织（垂直一体化）。市场治理适用于偶尔发生和重复发生的非专用性交易，因为交易是标准化的，所以离散合同范式的假设相当适用，合同各方的具体身份显得毫不重要。科层组织则适用于重复发生的、资产专用性程度很高的交易类型。在科层治理下产权的统一，使因资产专用性而导致的机会主义倾向得到一定程度的减少，从而降低了交易成本。关系治理是介于市场治理和科层组织之间的一种治理机制。其特点是交易各方在自主权得到保持的前提下进行不同程度的合作。例如各种各样的长期缔约、互惠交易、特许经营等。关系治理适用于资产专用性介于标准交易和高专用性交易之间的重复性交易。

　　不同治理机制对不确定性问题的反应也是不同的。Williamson（1985）认为从市场治理到关系治理再到科层组织治理，对于环境不确定性的适应能力在不断增强。对于解决行为不确定性导致的业绩测量问题，市场治理则是最有效的，"越往科层组织治理靠近，业绩测量难度则会越大"（Rindfleisch & Heide，1997）。

　　如前所述，在内部营销理论的现有研究成果中，受到最多关注的是如何在企业的人力资源管理中使用营销技术这一问题，学者们纷纷尝试着将不同经济形态演进背景下的各类营销方法运用到企业内部的人力资源管理之中。但是本研究认为，营销技术并非在所有的人员管理中都是适用的，营销方法在人力资源管理中的适用性问题应当得到应有的关注。

　　"营销是由一些引起另一个社会单元反应的非强迫性的活动构成的"（Kotler，1972），营销技术显然具有劝导性的特征。将这些具有劝导性特征的营销技术运用于人力资源管理的目的也就是为了建立企业与雇员之间的良好关系，更好地促进雇员满意。因此，提倡在人力资源管理中使用营销技术的本质就是发展一个企业与雇员之间的关系治理机制，所以可以将分析营销方法在人力资源管理中的适用性问题，转化为分析企业内部交易中关系治理机制的适用性问题。本书在以上内容中介绍的交易成本理论正是分析这一问题的强有力的理论工具。

第三章　建立市场导向的组织

作为经营哲学的营销，其倡导的是市场导向观念，在企业内部传播营销哲学的具体表现就是要求建立一个市场导向的组织。而Grönroos（1981）、Cowell（1984）、Christopher 等（1991）等学者在对内部营销进行研究时都曾主张，内部营销的任务就是培养雇员的市场导向观念，内部营销包含了发展顾客导向组织的一系列活动。因此，本书将发展市场导向的所有活动都纳入内部营销理论框架之中，并将其称为与营销哲学相关的内部营销。

值得注意的是，Gummesson（1998）在评价市场导向时，对单纯的外部市场导向观念提出了批评，他认为忽略内部市场导向是另一种营销近视症，此外，研究战略管理的一些学者（Andrews，1997；Foss，1997）也表达过类似的观点。因此，在内部营销理论框架中的市场导向应包含两方面的内容，即外部市场导向和内部市场导向，而内部营销活动应当通过在这两者之间寻求一个平衡点来建立一个市场导向的组织。

本章在回顾"市场导向"的相关文献的基础上，对市场导向的概念、市场导向对企业业绩的影响以及发展市场导向的障碍进行了介绍，为如何发展市场导向的组织提供了参考。本章还在现有的市场导向的测量工具基础上提出了一份适合于中国国情的市场导向量表，对内部市场导向、外部市场导向与企业业绩这三者之间的关系进行讨论。

第一节　市场导向的含义及构成要素

对于市场导向的看法，存在着两种观点，一是认为市场导向是

50

一种企业文化，二是将它看作一系列与市场信息相关的企业行为和活动。本书认为这两种观点并不矛盾，市场导向既是企业文化，也是企业行为，两者紧密相连，相互支撑。因为一个市场导向的企业文化必然会表现为一些具体的企业行为，而与市场导向相关的企业行为，如果不是来源于组织文化，这种行为将不会长久，也不会引起企业中所有部门的重视。

一、作为企业文化的市场导向

市场导向首先被看成一种企业文化。Deshpandé 和 Webster（1987）认为市场导向是指在商业计划中将顾客放在第一位的一系列共同的价值观和信仰。Narver 和 Slater（1990）为市场导向给出的定义是：市场导向是一种能有效创造一些行为的组织文化，这些行为是为顾客创造更高的价值并持续提高组织业绩所必需的。此外，Houston（1986）、Dixon（1990）、Harris（1996）等学者也都表达了类似的观点。

既然很多学者都将市场导向看作一种企业文化，按照当前组织文化理论的结构对市场导向进行分析是必要的。Harris（1996）总结了 Schein（1985）、DiBella（1993）和 Hatch（1993）的观点，将组织文化定义为一系列被组织成员接纳为共同习惯的动态假设、价值和人为现象（artifacts）。这一定义描述了组织文化的三个要素。其中人为现象要素被看作文化的物理创造品，包括组织的结构、战略和系统以及雇员的行为和语言；文化的价值要素被看作类似于一种表示"应该怎么样"的信仰，例如应该具有团队精神、应该为顾客创造价值等。假设是文化中最核心的层面，这些被认为是理所当然的前提决定了一个清晰的思维方式。组织的一个共同假设是围绕着组织与环境的关系所展开的，例如假设组织受到环境的影响并且组织有能力对环境的压力做出反应。研究企业文化的学者们还一致认为，一个组织的文化并不是单一的，它们往往具有多样性，即一个组织的文化可能由多个子文化构成，但这些子文化在组织中的地位却往往各不相同。

根据以上对当前组织文化理论的介绍，可以从文化角度给出市场导向的定义，即：

市场导向是组织中的一个占支配地位的、动态的子文化，这一子文化包含与市场紧密相连的基本假设、价值观和行为。

该定义将市场导向描述为企业中的一种子文化，此点强调了组织文化的多样性，而"占支配地位"则意味着市场导向是在一个广泛的组织范围内存在的子文化，因而它支配着其他子文化。定义的最关键之处是强调了市场导向文化的三个要素与市场紧密相连，这三个基本要素的内容可表达如下：

1. 市场导向文化的基本假设

市场导向文化的基本假设是价值观和行为要素的基础，它包括：组织依赖于现有的市场环境；市场环境对组织具有影响；组织有能力去分析、预测环境的影响并对环境的影响做出反应；满足顾客的需求是可能的，而且这将会导致企业的长期利润和组织生存；组织内部的不协调将会减少组织的效率和效益。

2. 市场导向文化的价值观

在市场导向理论的研究中，尽管至今在某些方面存在不同的看法，但是几乎所有学者都支持一个观点，即市场导向包含的一个最重要的价值观是，承诺组织中的所有成员都持续地为顾客创造更高的价值。

3. 市场导向文化的行为要素

如前所述，市场导向的行为要素是市场导向文化的具体表现。在将市场导向看作企业文化的同时，也应当认识到市场导向应当与管理行为相伴。因为当管理者希望运用市场导向概念时，应当将注意力集中在具体活动而不只是原则性的概念上。为此，需要详细分析市场导向的行为要素。

二、市场导向的行为要素

Narver 和 Slater、Kohli 和 Jaworski 这两个研究小组都对市场导向行为的研究作出了开创性的贡献，尽管二者对市场导向行为要素的表达方式不同，但他们的观点却有着大量的重叠之处。本书将通过对二者观点的综合分析，构筑一个基于管理行为的市场导向概念。

1. Narver 和 Slater（NS）、Kohli 和 Jaworski（KJ）的观点

Narver 和 Slater（1990）在提出市场导向是企业文化的同时，总结了市场导向的三个行为要素：顾客导向、竞争导向和内部职能的合作。

顾客导向是指充分理解目标市场中的顾客，以便能够持续地为顾客创造更高的价值。它要求销售者了解顾客的整个价值链，包括价值链的现状及未来的发展方向。竞争导向是指企业要了解当前和潜在竞争者的短期和长期的能力及弱点，和分析顾客一样，分析竞争者也要了解他们的整个价值链的情况。内部职能的合作是指企业内部的各职能部门要在合作协调的基础上利用市场信息、协同使用企业资源，去为顾客创造更高的价值。

Kohli 和 Jaworski（1990，1993）为市场导向提供了一个更具操作意义的定义，他们认为：市场导向是指在整个组织范围内收集及传播与顾客现时及将来的需求相关的市场信息，并使公司的各个部门及雇员对这些信息做出反应的管理过程。因此，在 Kohli 和 Jaworski 的信息过程观中，市场导向包含以下三个行为要素：

（1）市场信息的收集。市场信息是指与顾客需求相关的信息，它不仅包括顾客自身现时和将来的需求，还包括影响这些需求的外生因素，如政府的政策、法律，竞争者的行为等。而在现代营销中，广义的顾客并不仅指产品及服务的最终消费者，还包括了分销机构。所以市场信息的收集并不仅是对最终顾客进行市场调研，它需要一个更复杂的系统，因此，这一工作并不只是营销部门的任务，应当是组织中所有部门的责任。例如与产品技术革新相关的情报需要由研发部门来收集、与竞争者财务状况相关的信息需要由财务部门来收集。

（2）市场信息的传播。市场导向组织的最终目的是要对市场情报做出反应。要使组织对市场情报做出有效的反应，需要各个职能部门的协同工作，而正是因为情报的生成可以由不同的职能部门来完成，所以就需要使市场情报能在组织内部得到有效的传播，包括正式的和非正式的两种途径。

（3）对市场信息做出反应。反应是对收集和传播的情报所做出的回应行为，这是市场导向的一个重要环节。没有回应行动，情报的收集和传播都会变得毫无意义。在以市场为导向的组织中，所有的部门（不仅仅是营销部门）都应当参与对市场情报做出反应，包括选择一个目标市场、创造符合顾客现时和将来需求的产品或服务、以顾客可接受的方式传递这些产品或服务并促进它们的销售。

2. 对 NS 和 KJ 观点的综合分析

尽管 NS 和 KJ 在描述市场导向的行为要素时使用了不同的表达方式，但是通过以下分析可以看出，这二者的观点有大量的重叠之处。

（1）Narver 和 Slater 观点中的 KJ 要素

Narver 和 Slater 提出市场导向的行为要素包括顾客导向、竞争导向和内部各部门合作三个方面。在分析顾客导向和竞争导向时，Narver 和 Slater 明确指出："顾客导向和竞争导向包括获取企业目标市场的顾客及竞争者信息以及将这些信息在组织内部传播的所有活动。"（Narver & Slater，1990：21）。同时，NS 还指出，"顾客导向就是要充分了解目标市场的顾客，并对他们的需求做出充分的反应"（Narver 和 Slater，1990：22），"竞争导向就是……为顾客创造比竞争对手更高的价值"（Narver 和 Slater，1990：22）。以上表述都说明了 NS 提出的市场导向要素中隐含着对市场信息的收集、传播及反应，而后者则恰是 KJ 提出的市场导向的三个行为要素。

（2）Kohli 和 Jaworski 观点中的 NS 要素

Kohli 和 Jaworski 提出的市场导向的三个行为要素分别是：市场信息的收集、市场信息的传播和对市场信息做出反应。Kohli 和 Jaworski 首先对市场信息作了界定，他们认为："市场信息包括顾客所描绘的需求和与这些需求相关的参考资料，而后者则来自于对影响顾客需求的一些外生变量的分析，包括对政府管制、竞争者以及竞争者自身的顾客的分析。"（Kohli & Jaworski，1990：4）这一定义说明了 KJ 的市场导向三要素中，既包含了顾客导向，又包含了竞争导向，即在 KJ 的观点中，市场导向既包含顾客导向，又应包含竞争导向。

Kohli 和 Jaworski 进一步指出，"市场信息的收集并不完全是营销部门的责任……市场信息的收集应当由组织中的所有人和所有部门来共同完成"（Kohli & Jaworski，1990：5），"市场信息必须被交流、传播甚至出售给组织中的相关部门和人员……然而，市场信息并不总是由营销部门传递给其他部门，它可能朝着相反的方面流动，这取决于信息在何处收集"（Kohli & Jaworski，1990：5），"对市场信息的反应是指对被收集和传播的市场信息做出反应活动，包括反应计划的制定和实施……事实上，这些反应活动应当由组织中的所有部门共同参与，而不只是营销部门的事情"（Kohli & Jaworski，1990：6）。以上这些观点则说明，KJ 的市场导向的三个行为要素，是建立在组织内部部门合作的基础之上的。

3. 基于管理行为的市场导向概念的重构

由于 Kohli 和 Jaworski 对市场导向行为要素的描述更具有可操作性，NS 和 KJ 的观点又存在着大量的重叠，因此本书认为，可以以 Kohli 和 Jaworski 的描述为基础，综合 Narver 和 Slater 的观点，构筑一个更为完善的、基于管理行为的市场导向概念。即：

市场导向是指组织各部门在协调合作的基础上，在整个组织范围内收集及传播与顾客需求和竞争者相关的市场信息，并使公司的各个部门及雇员对这些信息做出优于竞争对手的反应的管理过程。

这一定义中包含了以下四个行为要素：

（1）收集与顾客和竞争者相关的市场信息。

（2）在组织内部广泛传播以上信息。

（3）对市场信息做出反应，包括设计反应计划和执行反应计划。

（4）组织内部的各个部门间以及部门内建立一个共同的合作机制，以完成以上三种行为。

在这四个要素中，各部门间的合作机制是其他三个行为要素的基础。市场导向企业中的各个部门，应该在合作机制的作用下收集、传播与顾客和竞争者相关的市场信息，然后针对这些信息设计反应计划并加以执行。它们之间的关系可通过图 3.1 来表示。

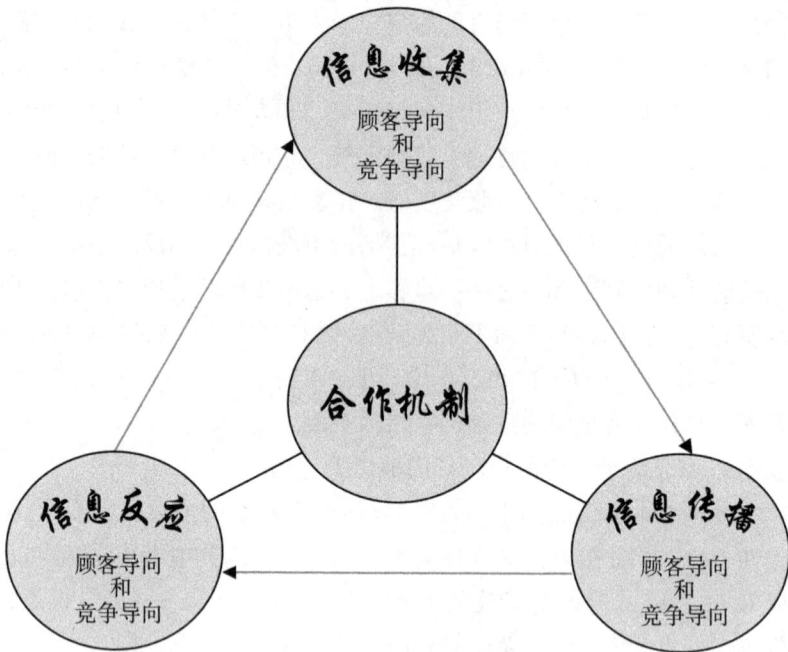

图 3.1　市场导向的行为要素

第二节　市场导向和企业业绩

一、目前的研究成果

市场导向和企业业绩的关系是市场导向研究的核心问题之一，长期以来，大量学者对这一关系进行了理论研究和实证检验，主要观点如下。

1. 市场导向与企业业绩之间存在直接的正相关

Narver 和 Slater（1990，1994）的研究成果表明市场导向程度与企业的资产回报率和销售增长率以及新产品成功率之间都有着积极关系。Jaworski 和 Kohli（1993）的研究也发现市场导向会促进企业业绩的增长，但是他们对企业业绩的测量使用的是一种"判断式"的方法，即：他们并不用市场份额、资产回报率等客观指标来衡量企业业绩，而是让被调查者比较竞争对手的业绩后，对企业业绩给出一个主观综合评价。Deshpandé、Farley 和 Webster（1993）这个研究小组也对市场导向与企业业绩的关系进行了分析，他们使用企业盈利率、规模、市场份额和销售增长率这四个指标来衡量企业业绩，该研究结果表明，当顾客评价某个企业的市场导向程度较高时，该企业的以上业绩指标往往会更好。Tse 等（2003）以中国环境为背景研究了市场导向与企业业绩之间关系，他们以从事中国内地贸易的我国香港地区企业为样本，得出了市场导向会促进企业经营业绩的结论。除此以外，得出类似结论的学者还有 Pelham 和 Wilson（1996）、Gray 等（1998）、Egeren 和 O'Connor（1998）、Wood 等（2000）、Laughlin（2002）等。

2. 市场导向与企业业绩之间不存在显著关系

另一些学者则发现市场导向与企业业绩之间并不存在显著关系。如：Greenly（1995）在以英国公司为样本研究市场导向时发现它与企业业绩之间的关系并不显著；Bhuian（1997）在以沙特阿拉伯的 96 家银行为样本来研究市场导向与企业业绩之间的关系时，也得出了同样的结论。得出类似结论的学者还包括：Esslemont 和 Lewis（1991）、Tse（1998）、Appiah-Adu（1998）、Han、Kim 和 Srivastava（1998）、Caruana、Pitt 和 Berthon（1999）等。

3. 市场导向与企业业绩之间的关系受到环境变量的影响

Jaworski 和 Kohli（1990）在建立市场导向的分析框架时提出，市场导向与企业业绩之间的关系可能会受到环境变量的影响。他们认为，从理论上看，以下几种环境特征会影响市场导向与企业业绩的关系。一是市场需求的稳定性，主要指顾客构成以及他们偏好的变化程度。当市场需求越不稳定时，市场导向与经营业绩之间的关联度可能会越强。二是市场需求的强度。在需求旺盛的卖方市场中，一个组织即使没有太多的市场导向，可能也能做得较好，而在需求疲软的市场中，由于顾客的谨慎消费，从而使得只有市场导向程度较高的组织才能经营成功。三是行业中技术及工艺的变化程度。在技术变化较大的行业中，市场导向也许并不像技术稳定的行业那样重要，因为行业中的技术变动往往来自于实验室而不是市场，因此，技术变化越大，市场导向与经营业绩之间的关系就越弱。此外，行业的竞争程度可能也会是一个影响因素。例如在一个垄断行业中，市场导向显得并不是特别重要，它与经营业绩的关系就不会太紧密。

在随后的研究，Jaworski 和 Kohli（1993）通过实证分析验证他们的以上观点。该研究将环境因素分为市场扰动、技术扰动和竞争强度三种类型，通过实证研究分别验证这些因素对市场导向与企业业绩之间的关系是否有调节作用。遗憾的是，研究结果并没有证实 Jaworski 和 Kohli 的理论假设，三类环境因素中没有任何一项对市场导向与企业业绩的关系具有调节作用。基于 Jaworski 和 Kohli 的研究假设，Narver 和 Slater 在 1994 年时将资产回报率、销售增长和新产品成功率作为衡量企业业绩的指标，重新研究了环境因素的调节作用，除了 Jaworski 和 Kohli 使用的三种环境因素之外，他们还增加了"市场增长状况"这一因素。Narver 和 Slater 的实证分析结果对研究假设提供了非常有限的支持，只有市场需求的波动对市场导向与投资回报率的关系、技术扰动对市场导向与新产品成功率的关系、市场增长对市场导向与销售增长的关系具有一定的调节作用。Narver 和 Slater 还进一步强调，市场导向与企业业绩之间的关系是长期的，即使环境因素对这一关系具有一定的影响，但这种调节效应也只是短暂的。

研究调节效应的学者还有 Lonial 和 Raju（2001），他们的结论是市场导向与企业业绩的关系受到环境不确定性的影响。另外，得出类似结论的学者还有 Greenley（1995），Atuahene-Gima（1995）。

4. 市场导向与企业业绩之间存在中介变量

为了解释市场导向与企业业绩之间的关系，一些学者提出了另一个重要的观点，即：在市场导向与企业业绩之间存在中介变量。"创新"首先被认为是一个重要的中介变量，Han、Kim 和 Srivastava 选用来自美国中西部各州 134 个银行作样本，分析了创新、市场导向及企业业绩之间的关系。他们将创新分为技术创新和管理创新两种类型，研究结果表明，市场导向与企业业绩之间并没有显著的直接关系，但是市场导向却显著促进技术创新和管理创新，而后者又与企业业绩有显著的正相关。Baker 和 Sinkula（1999）也通过实证研究验证了市场导向——创新——企业业绩这一路径关系的存在。

此外，组织学习和对顾客的反应能力也被认为是市场导向与企业业绩之间的中介变量。Slater 和 Narver（1995）认为，仅有市场导向是不够的，市场导向必须结合组织学习才能有效地提高企业业绩，组织学习是市场导向与企业业绩之间的中介变量。Oakley（2002）则将"企业对顾客的反应能力"作为市场导向与企业业绩之间的中介变量，并证实反应能力在市场导向与企业业绩的关系中具有中介作用。

二、市场导向与股东价值

正如 Narver 和 Slater 所说，市场导向和企业业绩之间的关系是长期的，而目前衡量企业长期业绩的一个重要指标是股东价值，因此，Srivastava 等（1998）学者认为有必要研究市场导向与股东价值之间的关系。

Srivastava 等（1998）的研究认为，市场导向是通过创造更多的以市场为基础的资产（Market-Based Assets）来增加股东价值的。Narver 和 Slater 多次强调，市场导向的目的就是创造更高的顾客价值，市场导向的企业所实施的是以顾客价值为基础的企业战略，而Huber、Herrmann 和 Morgan（2001）也论证了以顾客价值为基础的战略会直接为企业创造以市场为基础的资产。因此，Srivastava 等（1998）指出，以市场为基础的资产可以通过加快现金流入、增加现金流入、减少与现金流量相关的风险以及增加企业的清算价值这四个途径来增加股东价值（见图 3.2）。

（一）市场导向与以市场为基础的资产

以市场为基础的资产主要有两种类型：关系型和智力型。关系型资产是由企业与外部的利益相关者之间的关系而产生的，包括和分销商、零售商、最终顾客、其他战略合作伙伴、媒体乃至和政府

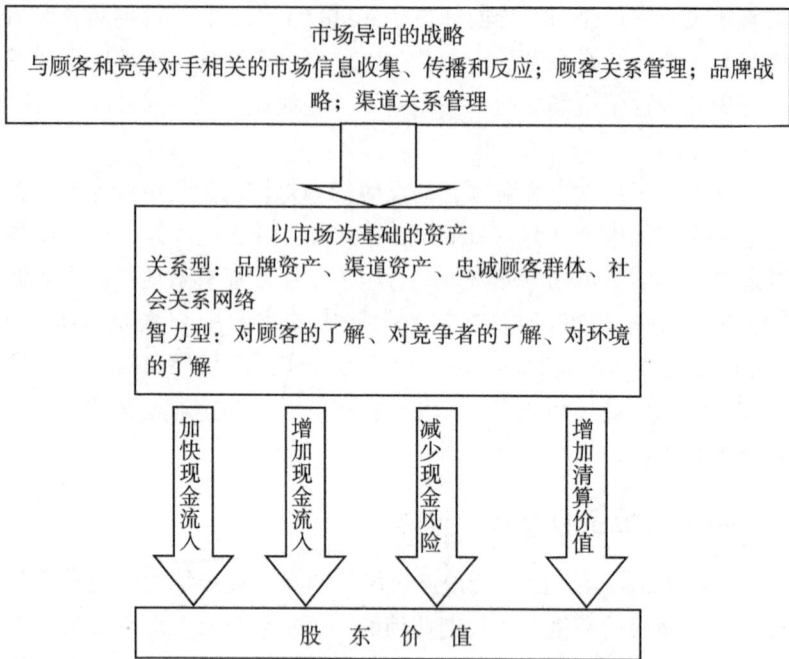

图 3.2 市场导向、以市场为基础的资产与股东价值的关系（Srivastava，1998）

之间的关系。例如品牌资产反映了企业与顾客之间的关系、渠道资产反映了企业与渠道之间的关系等。智力型资产指的是企业拥有的与经营环境相关的一些知识，例如对现实和潜在的营销状况以及其中的实体的了解，包括竞争者、顾客、渠道、供应者和社会政治利益团体。

关系型资产和智力型资产在发展过程中会以多种方式相互渗透。两者的发展均来自于企业与其经营环境中其他实体之间的不可避免的相互作用。亲密的关系可以使企业发展或重新定义智力型资产，对企业环境的知识也可以引导企业选择与谁建立关系、何时建立以及如何建立关系。关系型资产和智力型资产具有共同的特征，两者都是无形的，都不能被贮存或不能从实体上分成几个部分。但是它们能够从存量和流量角度去测量，从存量角度是指企业的品牌资产或对顾客购买行为的了解可以是某一个特定的程度，从流量角度测量是指这一程度可能增加也可能减少。

市场导向是企业获取以市场为基础的资产的前提。在企业各部门协同作用下，对市场信息收集和传播会加深企业对顾客、竞争者、渠道以及其他环境因素的了解，从而形成智力型资产。顾客关系管理、品牌管理、渠道关系管理等发展市场关系的战略可以形成各种类型的关系型资产，而这些战略显然是以市场导向为基础的。

（二）以市场为基础的资产与股东价值

1. 影响股东价值的因素

Rappaport（1986）认为，企业的股东价值是该企业未来现金流量的净现值，它们由两部分构成：一是企业未来的经营期内的现金流量的净现值；二是企业清算时所有资产净残值的现值。Kim、Mahajan 和 Srivastava（1995）在发展这一方法时提出了促进股东价值增长的四个驱动力，分别如下：

（1）*增加现金流入的速度*。因为越早回收的现金有更大的现值。

（2）*增加现金流入的数量*。可通过增加收入或降低成本、降低流动资金和固定资产投资的需求等方法来增加现金净流入。

（3）*减少和现金流量相关的风险*。通过减少现金流量的不稳定性和增加现金流量的可预测性来减少风险。

（4）*增加企业的清算价值*。清算价值的贴现值是净现值的重要组成部分，可以通过增加顾客基数、品牌资产的价值等方式来增加企业的清算价值。

因此，以市场为基础的资产可以通过增加营销业绩来影响以上四个驱动力，从而增加股东价值。

2. 以市场为基础的资产对股东价值的影响

（1）加速现金流量。

在营销和新产品开发的相关研究中，越来越多的人认识到速度是一个关键的变量。但是，Robertson（1993）强调，尽管新产品开发周期的长短受到了很多人的关注，却很少有人关注新产品的市场渗透周期（即新产品被一个相对较大的顾客群体接受所需的时

61

间）。本书认为，企业快速开发出新产品并进入市场只是成功的一半，另一半取决于企业使其新产品快速渗透市场的能力，其原因在于新产品的市场渗透能力直接影响到企业投资回收的时间。

以市场为基础的资产则可以通过增强顾客对营销活动的回应来加强企业新产品的市场渗透能力。在营销文献中，有大量的理论和实证研究可以证明这一点。例如，Keller（1993）认为品牌资产与顾客对企业营销活动的回应密切相关，如果顾客对企业的品牌认知和态度是积极的，他们将会以更快的速度回应企业的营销努力，包括试用这个品牌、使用这个品牌并积极向别人推荐。一些实证研究的结果也表明，当顾客对某一品牌有积极的态度时，他们将对该品牌的新产品有更快的回应。例如，Zandan（1992）发现在个人电脑业中，一些拥有强势品牌的企业（如 HP/Compaq、IBM）能够使顾客在使用它们的新产品时比其他弱势品牌的企业早 3~6 个月。此研究还表明，顾客在将产品推荐给其他人时，强势品牌也比弱势品牌快 3~6 个月。因此，当企业通过品牌投资和顾客忠诚投资与某些顾客建立了良好的关系时，这些顾客会更早地购买并推荐企业的新产品以使企业更快地回收资金。

另一类能提高企业新产品市场渗透能力的以市场为基础的资产是企业与外部合作者间的关系网络。"很少有企业有能力在新产品的竞争优势消失之前，能够单独将这一产品渗透到世界各地的市场"（Robertson，1993），要想做到这一点就必须依赖世界各地的合作伙伴的力量。尽管他们会分享一定的利润，但是加快资金流转而产生的收益可能弥补这一损失。特别是在高新技术产业中，产品的更新速度已越来越快了，如果新产品不能及时地渗透到一个更广阔的市场中去，将直接影响到该产品的投资报酬率。

（2）增加现金流入。

企业的现金流入能在以下情况下得到增加：①产生更高的收入；②减少经营成本；③减少流动资金的需求；④减少固定资金的需求。以市场为基础的资产对这四种情况都会产生一定程度的影响。

学界普遍认为，以市场为基础的资产能够增加企业收入。首先，拥有较高价值的品牌资产意味着企业的产品可以收取一定程度的溢价，也可能获得更多的市场份额，从而会增加企业的收入。其次，"证据表明品牌延伸也是增加企业收入的一个重要方式"（Aaker 1991；Srivastava 和 Shocker 1991）。因为品牌延伸能够扩大企业的产品线以增加企业的收入来源，还可以利用品牌授权来直接增加收入。尽管品牌延伸可能会增加品牌稀释的风险，但是 Dacin 和 Smith（1994）的研究表明，只要企业保证产品的质量，同一品牌下产品种类的增多还有可能会增加品牌资产的价值。

以市场为基础的资产还能够减少经营成本。Smith 和 Park（1991）的研究表明，一个相对忠诚的顾客群体对企业的促销行为和广告将会做出更积极的反应，从而减少促销和广告成本。此外，企业与合作伙伴的良好关系还可以使企业免费分享一些信息，从而降低信息收集成本。

以市场为基础的资产对企业的资金需求也会产生影响。现在已有越来越多的人认识到企业与供应者和分销渠道之间的良好关系可以提高整个价值链的效率，从而减少流动资金和固定资金的投资需求以及相应的资金成本。例如宝洁和沃尔玛之间的良好关系使得双方在订单管理、存货管理等方面的效率得到了提高，从而在一定程度上节约了流动资金的占用和对存货管理的固定投资。Anderson 和 Narus（1996）的研究也表明，企业与渠道成员建立良好的关系，可以使存货容量减少 15% 到 20%。此外，品牌合作和营销战略联盟也会减少营销投资，例如在联合销售时，企业可以利用合作伙伴的顾客基础，减少开拓市场的一些基础投资。

以市场为基础的资产对企业的现金流入的速度和数量上的影响可以通过图 3.3 得到更为直观的表述。图中用实线表示的曲线为拥有以市场为基础的资产之前的现金流量，用虚线表示的曲线为拥有以市场为基础的资产之后的现金流量。图中的虚线高于实线的原因就在于企业的现金流入在以市场为基础的资产的作用下，从速度上和（或）数量上都得到了增加。

（3）减少与现金流量相关的风险。

由于资金的贴现率中包含了风险报酬率，因此降低现金流量的

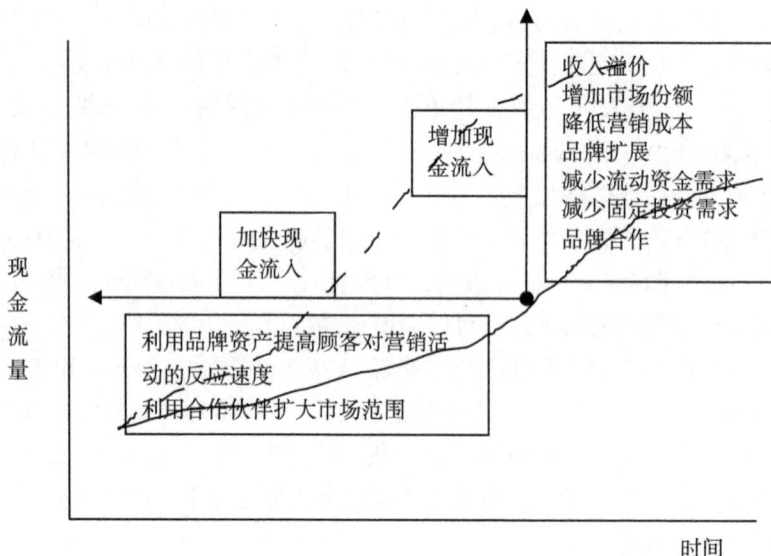

图 3.3 加快和（或）增加现金流入（Srivastava et al.，1998）

风险会减少贴现率从而增加净现值，即增加股东价值。

以市场为基础的资产能够通过稳定现金流量来降低资金风险。首先，与顾客建立良好的关系会增加顾客转换的心理成本，与战略合作伙伴共同开展交叉销售活动也会增加顾客的转换成本从而培养更多的忠诚顾客。而一个忠诚的顾客群体受到竞争者活动的影响程度会较小，他们能为企业提供一份相对稳定的收入。其次，以品牌资产、忠诚的顾客群体、完善的供应链以及完善的分销网络为代表的以市场为基础的资产都是无形的，都具有不易模仿的特征，这些资产的存在必然增加了产业的进入壁垒，使企业的现金流量更不容易受到攻击。最后，以市场为基础的资产的存在还可以使企业不必开展（或少开展）价格战、不定期促销等传统营销活动，而这些活动本身则是导致现金流量波动的一个因素。

以市场为基础的资产降低资金风险的另一个途径是增加现金流量的可预测性。因为合作伙伴的良好关系会使企业能够分享更多的信息，从而能够更准确地预测现金流量，这样企业就能够更好地安排资金的筹集和使用，从而在一定程度上降低了资金风险。

（4）增加企业的清算价值。

企业在清算时的价值是它当时的市场价值，这一价值与其会计报表上的账面价值也许会有很大的差异，而且也有越来越多的人认识到企业的市场价值更多地取决于企业的无形资产而不是会计账面上的有形资产。例如，"在财富 500 强的企业中，未入账的无形资产的价值是账面资产价值的 3.5 倍，也就说他们的市场价值的 78% 左右依赖于无形资产"（Capraro & Srivastava，1997）。以市场为基础的资产就是这些无形资产之中的一个重要部分。

市场导向的企业往往会拥有一个忠诚的顾客群体。这一群体并不会因为企业所有权的变更而改变自己的消费偏好，他们的数量和质量（主要用消费量、价格敏感度及服务成本等指标来衡量）是确定企业市场清算价格的重要影响因素。

股东价值是目前衡量企业业绩的重要指标，Srivastava 等（1998）提供的上述分析从理论上论证了市场导向对以股东价值为代表的企业业绩具有促进作用，他们的理论推断在后续的研究中也得到了实证检验。

第三节　发展市场导向的影响因素

现有文献普遍认为，在激烈竞争的市场环境中，发展市场导向对企业是有益的，因此，学者们进一步识别了在建立市场导向组织时，应当注意哪些因素。由于市场导向既是一种企业文化，又包含一些具体的管理行为，因此，本文将当前研究中所涉及的影响发展市场导向的因素分为两种类型，一类是与态度相关的因素，另一类是与行为相关的因素。本书在识别这些因素的同时也探讨了企业应当如何建立一个市场导向的组织。

一、与态度相关的因素

由于市场导向可以被看作一种企业文化，所以在企业中，管理者的态度和员工的价值观对市场导向的发展有着重要的影响。

1. 管理者的态度

在文献中，很多学者都强调高层管理者在发展市场导向方面的关键作用。例如，Jaworski 和 Kohli（1993）认为高层管理者的态度会影响市场导向的培育；Webster（1988）认为市场导向来源于最高管理层，以顾客为导向的价值观和信念完全是高层管理者的责任。此外，Felton（1959）声称，市场导向最重要的成分是以市场为中心的合适心态，只有董事会、总裁和高级经理们理解并培养这种心态，市场导向才能够获得。

高层管理的态度对市场导向的影响主要涉及以下几个方面。首先是他们对市场导向的支持热情。只有他们为市场导向做出承诺并将这一承诺明确地下达到组织的全体人员，企业的市场导向才有可能得到发展；其次是高层管理者的风险偏好，因为市场导向必须对不断变化的市场情报做出反应，其中就包括为满足变化的需求而开发新的产品和新的服务，这必然具有一定的风险。如果高级管理者表示愿意承担风险，认为偶尔的失败是难以避免的，那么中低级的管理人员就可能在顾客需求发生变化时更愿意提出建议和导入新产品。此外，公司高层管理团队对企业关键成功因素的认知也会影响市场导向的实施。例如，当企业以往的成功主要受益于成本领先优势时，管理者可能会将降低成本作为一个关键的成功因素，而不会过多关注市场的需求。

2. 组织成员共同的价值观和信仰

组织成员的价值观和信仰也被一些学者（Messikomer，1987；Kelley，1990；Slater & Narver，1995；Harris，1998）认为是发展市场导向的可能障碍。他们的研究发现，以下几种共同的价值观和理念都可能会影响市场导向的发展。

一是组织成员狭窄的"领地观念"。这意味着每个成员都只关注分内的工作，而不去关注别人的工作和想法，同时也不乐于接受别人的建议。Argyris（1966）的研究表明，这种"领地观念"直接与限制信息流量、不信任和对抗有关，因此，对其他部门及个人的看法漠不关心，很可能使企业内部形成一个个独立性较强的小团队，从而会妨碍市场情报在部门之间传播以及本部门对其他部门所生成情报的反应。二是组织中与市场并不直接接触的成员往往并不认为顾客满意和组织业绩之间有着积极的联系，他们将削减生产费用作为增加利润的主要手段，即便关注企业的长期业绩，也认为长期业绩是由短期利润积累而成的，而与顾客满意无关。对顾客满意的漠视必然会导致组织市场导向程度的下降。三是组织成员对组织反应能力的怀疑，特别在一些中小企业中，员工们认为市场的游戏规则完全由大公司来制定，企业只要追随大公司的战略就可以了，去研究消费者的需求是徒劳的。四是组织成员认为，做每一个决策都要谨慎，这种谨慎决策的习惯所导致的后果就是公司的决策过程缓慢，无法对市场的变化做出及时的反应。五是组织成员对组织中政治行为的态度。所谓政治行为是指"维护自我利益和威胁他人利益的个人图谋"（Porter，Allen & Angel，1981）。组织成员越是乐于接受组织内的政治行为，该组织中部门冲突的可能性就会越大，从而市场导向的程度会越低。

二、与行为相关的因素

发展市场导向的另一个影响因素是管理行为所带来的一些有形的后果，包括企业战略和企业组织系统的特征，Harris（2000）将它们称为发展市场导向的组织障碍，本书将其分为战略因素和结构因素两种类型来讨论。

1. 战略因素

Miles 和 Snow（1978）将执行不同战略的企业分为探索者（prospector）、防御者（defender）和分析者（analyzer）三种类型。探索型企业往往会保持一种侵略性的竞争定位，并且试图在创造和发展新技术方面成为行业的先锋，他们是机会主义者并且对扩展新的市场表现出浓厚的兴趣。相反，防御型的企业采纳一种保守的战略观点并且尽力在一个相对狭小的市场中保持稳定的定位，他们的竞争行为往往基于价格和质量，革新并不是组织的特征。分析型战略的特征则介于探索型与防御型战略之间，执行该战略的企业一方面会在核心市场上保持一个稳定安全的定位，另一方面则通过革新来开拓新的市场。

Slater 和 Narver（1993）在以上分类的基础上分析了市场导向

和企业战略之间的关系。他们发现，对于执行探索型和分析型战略的企业，市场导向与企业业绩显著相关，而对于执行防御型战略的企业，市场导向对企业业绩的影响却并不大。这一研究结果给出了一个启示，即：当一个企业执行的是防御型战略时，由于发展市场导向并不能显著提高企业的经营业绩，所以该企业将不会有发展市场导向的动力，从某种意义上说，防御型战略的选择就成为发展市场导向的障碍。与之相反，选择探索型或分析型战略的企业由于可以从市场导向中获得显著的业绩提高，因此，他们会更热衷于提升组织的市场导向程度。

2. 结构因素

结构因素是指组织结构及系统的某些特征可能会影响市场导向的发展。首先关注这一问题的是 Lear（1963），他认为市场导向的方法在满足顾客需求的同时也会使组织结构变得更为复杂，而对组织结构的效率要求就可能成为发展市场导向的一个障碍。Harris（1998）通过实证分析也证实了这一推断，他发现零售企业有效的工作配置过程恰恰成为发展市场导向的障碍。

Jaworski 和 Kohli（1993）在分析市场导向的前提时也指出了一些与组织结构相关的因素，包括各部门间的联系度、组织的部门化程度、形式化程度以及集权程度，此外还有组织的业绩测评和奖励制度的特征。部门间的联系度是指跨部门人员之间正式和非正式的接触程度。Cronbach 和 Associates（1981）、Deshpandé 和 Zaltman（1982）等学者都认为部门间的低联系度会成为发展市场导向的障碍，因为员工们接触程度过低会阻碍市场情报在组织中传播以及各部门对这些情报做出协调反应。增加部门间联系度有很多方法，较简单的方法有：部门间的聚餐、需要部门混合组队的运动会等。更复杂的方法包括：部门间交换雇员、跨部门的培训计划、跨职能小组的建立等。

组织的部门化程度是指组织中各部门的专业化程度，Lundstrom（1976）和 Levitt（1969）均指出部门化是沟通的障碍，因此也是市场情报传播的障碍。组织的形式化程度是指"组织章程对地位、职权关系、沟通、规则以及程序予以限定的程度"（Hall，

Haas & Johnson 1967)。集权化程度则被定义为"组织决策制定时的授权程度和组织成员的参与程度"（Aiken & Hage，1968）。组织的形式化和集权化程度与信息的利用率是成反比的，因此，当组织系统的部门化、形式化和集权化的程度越高时，组织对市场情报的生成、传播和反应设计能力则可能越低，但是值得注意的是，这三个组织特性却与组织对市场情报反应计划的执行能力是正相关的。

组织的业绩测评和奖励制度的特征对市场导向的程度也有较大的影响，在测评奖励系统中，以市场为基础的因素（如顾客关系及顾客满意度等）越重要，组织的市场导向程度就会越高，这一点在 Wong 等（1989）、Morgan 和 Piercy（1991）以及 Ruekert（1992）的研究中得到了支持。

以上分析识别了在发展市场导向的过程中可能存在的各种影响因素，在这些因素中，有些会促进市场导向的发展，而另一些则会是发展市场导向的障碍。因此，如何协调这些因素将是发展市场导向组织的关键。

第四节　市场导向的测量工具

从 20 世纪 80 年代末期开始，有很多学者（Narver & Slater，1990；Kohli，Jaworski & Kumar，1993；Deshpandé，Farley & Webster，1993；Deng & Dart，1994；Deshpandé & Farley，1998；Lado & Rivera，1998；Oakley，2002）对市场导向的测量工具进行了研究，但是现有的测量量表都是基于国外的企业样本而建立的，并不一定适合我国企业的实际情况。本节旨在发展一个适合于中国国情的市场导向的测量工具。

在测量市场导向程度的研究中，Narver 和 Slater、Kohli、Jaworski 和 Kumar、Deshpandé、Farley 和 Webster 这三个研究小组的成果是具有代表性，他们所设计的测量量表受到了普遍的关注，并在各个领域和国家得到广泛运用。但是由于研究目的并不完全相同，这三个研究小组开发的市场导向测量量表存在明显的不同。

一、三种主要量表及运用

1. Narver 和 Slater 的量表（N-S 量表）

Narver 和 Slater（1990）发展了一个包含 15 个指标的测量工具（见表 3.1），这 15 个指标分属于顾客导向、竞争导向和跨部门合作这三个维度。在设计之初，Narver 和 Slater 的量表中还包含了长期目标和利润导向这两个维度中的 6 个指标，但是在对 144 个战略业务单位的高层管理人员进行了问卷调查后，他们发现这两个维度的信度分别只有 0.4774 和 0.1398，因此将这两个子构念从原始量表中删除。

表 3.1 　　　　　　　　　　　**N-S 量表**

请使用以下量表来回答问题

根本不	很少	较少时候	有一半时候	较多时候	很多时候	总是
1	2	3	4	5	6	7

____ 1. 我们的销售人员会定期地向企业报告关于竞争者的信息。

____ 2. 我们企业的首要目标是顾客满意。

____ 3. 竞争者对我们做出具有威胁的行为时，我们能够做出迅速的反应。

____ 4. 我们持续地监督企业满足顾客需要的程度。

____ 5. 来自各部门的高级经理会定期拜访公司现在的和潜在的顾客。

____ 6. 我们会将成功或不成功的顾客服务经验在企业中的各个部门中自由交流。

____ 7. 我们获取竞争优势的战略是建立在理解顾客需求的基础上的。

____ 8. 企业中的所有职能部门都以满足目标市场的顾客需求为共同目标。

____ 9. 我们的企业战略所遵循的信条是如何能够创造更高的顾客价值。

____ 10. 我们经常对顾客满意进行系统的测量。

____ 11. 我们密切关注售后服务。

____ 12. 高层管理者定期讨论竞争者的优势和战略。

____ 13. 企业的所有管理者都意识到公司中的每个人都能为创造顾客价值做出贡献。

____ 14. 我们所选择的目标顾客处于一个公司能够有机会获取竞争优势的市场。

____ 15. 我们会和其他企业（或战略业务单位）分享资源

N-S 量表在市场导向的研究中得了普遍的运用。除了 Narver 和 Slater 这个研究小组在后续的相关研究中继续使用这一量表外，Morgan 和 Strong（1997）用此量表研究了市场导向与战略导向的关系；Egeren 和 O'Connor（1998）用其研究市场导向与服务企业的业绩关系；Han 等（1998）用它研究市场导向与企业业绩之间的中介变量——创新；Morgan 等（1998）用它研究市场导向与组织学习能力的关系；Harris 和 Piercy（1999）用它研究零售企业中，管理行为与市场导向的关系；Lukas（1999）用它研究战略类型与市场导向之间的关系；Harris 等（2001）用此量表研究了战略人力资源管理、市场导向与企业业绩之间的关系。

2. Kohli、Jaworski 和 Kumar 的量表（K-J-K 量表）

Kohli、Jaworski 和 Kumar（1993）根据 Kohli 和 Jaworski（1990）提出的市场导向的三个行为要素，开发了一个包括三个维度，20 个非加权指标的测量工具（见表 3.2）。在此量表的帮助下，他们运用因子分析法分析了来自 222 个战略业务单位的中层管理者（包括营销部门及非营销部门），对市场导向这一主题进行了广泛的研究。

表 3.2　　　　　　　　　　　　　**K-J-K 量表**

	完全不同意	不同意	中立的态度	同意	完全同意
1. 在企业中，我们一年至少与顾客接触一次以了解他们在将来会需要什么产品或服务	1	2	3	4	5
2. 我们在企业内部做了很多市场调研工作	1	2	3	4	5
3. 我们对顾客偏好的变化反应很慢（反向指标）	1	2	3	4	5
4. 我们会请最终顾客评价本公司产品和服务的质量，这一行为我们每年至少做一次	1	2	3	4	5

续表

	完全 不同意	不同意	中立的 态度	同意	完全 同意
5. 我们对公司所处产业的一些重要变化（包括竞争者、技术、政策法规等）的反应很慢（反向指标）	1	2	3	4	5
6. 我们定期分析公司的经营环境对顾客的影响	1	2	3	4	5
7. 我们至少一个季度召开一次跨部门的会议以讨论市场的发展趋势	1	2	3	4	5
8. 公司的营销人员会花费一定时间和其他部门的人员讨论顾客将来的需求	1	2	3	4	5
9. 当主要客户或主要市场发生一些重要大件时，这一信息能在很短的时间内在组织内传播	1	2	3	4	5
10. 与顾客满意度相关的数据通过正式途径在企业的各个层级中传播	1	2	3	4	5
11. 当一个部门发现了竞争者的一些信息时，他们将之传播给其他部门的速度很慢（反向指标）	1	2	3	4	5
12. 我们经常要决定如何对竞争对手的价格变化做出反应（反向指标）	1	2	3	4	5
13. 因为某些原因，我们可能会忽略顾客产品或服务需求的变化（反向指标）	1	2	3	4	5
14. 我们会定期检查公司产品开发的能力以确保研发部门的工作与顾客需求相一致	1	2	3	4	5

	完全不同意	不同意	中立的态度	同意	完全同意
15. 企业的不同部门会在一起定期举行会议以对经营环境的变化做出反应计划	1	2	3	4	5
16. 如果一个主要的竞争对手发动了一项针对公司目标顾客的营销活动，我们会立即做出反应	1	2	3	4	5
17. 企业不同部门的活动协调得很好	1	2	3	4	5
18. 顾客的抱怨在企业中并没有得到重视（反向指标）	1	2	3	4	5
19. 即使我们制订出了一个很好的营销计划，也不能很好地执行它（反向指标）	1	2	3	4	5
20. 当我们发现顾客希望公司对产品或服务做出改进时，企业的各个部门会共同努力去完成这一任务	1	2	3	4	5

　　K-J-K 量表也得到普遍认可和运用，Pitt 等（1996）将其用于对欧洲企业的研究；Selnes 等（1996）将它用于比较美国和斯堪的那维亚企业的市场导向状况；Gray 等（1998）用其发展适合于新西兰企业的市场导向测量工具；Avlonitis 等（1999）则用它研究市场导向的决定因素。

　　3. Deshpandé、Farley 和 Webster 的量表（D-F-W 量表）

　　Deshpandé、Farley 和 Webster（1993）在测量企业文化和组织革新对企业业绩的影响时，发展了一个测量顾客导向的工具（见表3.3）。这一工具原本包含 30 个指标，在对 138 个日本企业的执行官进行调查后，根据指标的显著性特征将它们精简为 9 个，并且只使用了单一维度。

表 3.3　　　　　　　　　　　　　D-F-W 量表

	完全不同意	不同意	中立的态度	同意	完全同意
1. 我们定期对顾客服务进行测量	1	2	3	4	5
2. 我们的产品和服务开发是建立在对市场和顾客良好了解的基础上的	1	2	3	4	5
3. 我们很好地了解公司的竞争者	1	2	3	4	5
4. 我们清楚地知道顾客如何评价公司的产品和服务	1	2	3	4	5
5. 我们关注顾客比关注竞争者更多	1	2	3	4	5
6. 我们首先是在产品或服务差异化的基础上来开展竞争活动的	1	2	3	4	5
7. 顾客的利益总是第一位的，甚至超过业主的利益	1	2	3	4	5
8. 我们的产品和服务在本行业中是最好的	1	2	3	4	5
9. 我们相信企业存在的目的首先是要为顾客服务	1	2	3	4	5

D-F-W 量表在国际化运用上表现得较为突出，它先后在美国、德国、法国、英国、印度、越南、泰国、中国都得到了运用。

二、Deshpandé 和 Farley 对市场导向测量量表的整合

随着市场导向的重要性日益增加，一些学者提出是否能够开发一种适应于不同的企业和不同的国家的统一的市场导向测量工具，Deshpandé 和 Farley 在 1998 年时做了这一项工作。调研样本来自于包括零售、批发、金融服务、耐用消费品和非耐用消费品等多个行业的 27 个企业（19 个美国公司，8 个欧洲公司），这些企业中的 82 名营销管理人员（大约每个企业 3 位）被要求独立填写一份问卷，问卷中包括了三种测量工具的所有的 44 个问题，两个测量业

绩的指标和一些人文统计资料，参与者还被要求根据最后总结的一个新测量工具来评价他们所在的战略业务单位的市场导向程度。

研究者首先对三种测量工具进行了信度和效度分析，均获得了满意结果。他们还对三种测量工具中的相关程度进行了测量，结果发现 N-S 量表与 D-F-W 量表的相关系数为 0.65，N-S 量表与 K-J-K 量表的相关系数为 0.55，K-J-K 量表与 D-F-W 量表间的相关系数为 0.64，这说明了用这三种工具对同一样本进行测量时，它们相互之间表现了较高程度的相关性。

Deshpandé 和 Farley 还回顾了这三种测量工具在不同国家的运用，并使用三种工具分别对美国和欧洲的样本进行了调查，结果发现三个测量工具的信度在不同文化背景下并没有太大的差异。此外，他们还发现，使用三种工具对不同行业企业进行市场导向程度的调查，结果也没有显著性差异。在以上结论的基础上，Deshpandé 和 Farley 通过因子分析建立了一个只包含 10 个项目的市场导向测量工具（被称为 MORTN 量表，见表 3.4），并声称这一量表具有普适性，即适用于任何文化背景下的国家和任何行业中的企业。

表 3.4　　**Deshpandé 和 Farley 的 MORTN 量表**

	完全不同意	不同意	中立的态度	同意	完全同意
1. 我们公司的首要目标是顾客满意	1	2	3	4	5
2. 我们持续地监督对顾客的承诺水平并且以满足顾客需求为导向	1	2	3	4	5
3. 在组织内部，成功或失败的顾客服务经验可以得到自由的交流	1	2	3	4	5
4. 我们的竞争优势基于对顾客需求的了解	1	2	3	4	5
5. 我们定期系统地测量顾客满意程度	1	2	3	4	5
6. 我们定期测量顾客服务状况	1	2	3	4	5

续表

	完全不同意	不同意	中立的态度	同意	完全同意
7. 关注我们的顾客比竞争对手更多	1	2	3	4	5
8. 我们相信企业存在的目的首先是要为顾客服务	1	2	3	4	5
9. 我们邀请最终顾客评价我们产品和服务的质量，这一行为我们每年至少做一次	1	2	3	4	5
10. 与顾客满意相关的数据定期在组织内部传播	1	2	3	4	5

三、市场导向测量工具的重构

（一）对 Deshpandé 和 Farley 工作的评价

Deshpandé 和 Farley 的成果对市场导向测量工具的研究具有一定的意义。他们发现现有的三种主要测量工具在对同一样本进行测量时，测量结果具有较高的相关性，这说明这三种测量工具在很大程度上是可以互换的。这一结论从实证角度证实了本章第一节中的结论，即：N-S 和 K-J-K 这两个研究小组尽管对市场导向的行为要素有着不同的表述方法，但其本质却有着极大的相似性。因此在构筑一个市场导向的测量量表时，完全可以同时借鉴现有的三个量表中的各个指标。

但是本研究对 Deshpandé 和 Farley 建立的整合量表 MORTN 的普适性表示怀疑。首先本书并不认为可以构筑一个在不同文化背景下普遍适用的测量工具。从 Deshpandé 和 Farley 提供的文献中可以看到，只有 D-F-W 量表在亚洲国家被使用，而其他两类量表则仍然主要在欧美发达国家中被使用。更为重要的是，Deshpandé 和 Farley 的研究所使用的样本只来自于欧洲和美国，而这两个地区在文化上并没有太大的差异，使用这些样本来判断量表是否具有文化性差异显然并不恰当。

其次，MORTN 量表在不同行业中的普适性也值得怀疑。尽管 Deshpandé 和 Farley 的研究样本有 82 个，但是却只来自于 27 个不同的战略业务单位，而且他们至少涉及 6 个以上的行业，因此每个行业中的样本量显然并不充分，据此来判断量表适用于任何行业也是不可靠的。

最后，MORTN 量表只有单一维度，从得到普遍认同的市场导向的定义来看，它的内容效度是不够的，例如量表中就没有一个指标涉及企业对市场信息的反应程度。事实上，对于整合后的量表，Deshpandé 和 Farley 并没有做任何方面的效度分析。

基于以上原因，本研究在即将进行的以中国企业为研究对象的实证分析中，并不使用 MORTN 量表，而是借鉴现有的三个主要量表，在本书的市场导向定义的基础上重构一个新测量工具。

（二）量表重构

在本章的第一节中，本书分别从企业文化和管理行为两个不同的角度分析了市场导向的概念，但是本研究认为，测量一个企业的市场导向程度，从行为角度出发应当会比着眼于企业文化更为方便，因此下文构筑的测量量表是建立在市场导向的行为定义基础之上的，并将该量表分为市场信息的收集、市场信息的传播、对市场信息的反应以及跨部门合作四个维度。每一维度中所包含的项目均来自于 N-S、K-J-K 和 D-F-W 这三个量表，对于语义相同的项目都予以合并，而且每一项目使用更为合适的中文表达方式。

维度一：市场信息的收集（$MKOR_1$）

M_{11}：来自各部门的高级经理都会定期拜访我们现在的和潜在的顾客。

M_{12}：我们经常对顾客满意进行系统的测量。

M_{13}：我们的产品和服务开发是建立在对市场和顾客良好了解的基础上的。

M_{14}：我们很好地了解公司的竞争者。

M_{15}：我们清楚地知道顾客如何评价公司的产品和服务。

M_{16}：我们至少一年对最终顾客调查一次以了解公司产品和服务的质量。

M_{17}：我们定期分析公司的经营环境对顾客的影响。

维度二：市场信息的传播（$MKOR_2$）

M_{21}：成功或不成功的顾客服务经验可以在企业中的各个部门中自由交流。

M_{22}：高层管理者定期讨论竞争者的优势和战略。

M_{23}：当主要客户或主要市场发生一些重大事件时，此信息能在短时间内在组织内传播。

M_{24}：当一个部门发现了竞争者的一些信息时，他们将之传播给其他部门的速度很慢。（反向指标）

M_{25}：与顾客满意度相关的数据通过正式途径在企业的各个层级中传播。

维度三：对市场信息的反应（$MKOR_3$）

M_{31}：对竞争者具有威胁的行为，我们能够做出迅速的反应。

M_{32}：因为某些原因，我们可能会忽视顾客产品或服务需求的变化。（反向指标）

M_{33}：我们对公司所处产业的一些重要变化（包括竞争者、技术、政策法规等）的反应很慢。（反向指标）

M_{34}：顾客的抱怨在企业中并没有得到重视。（反向指标）

M_{35}：即使我们制订出了一个很好的营销计划，也不能很好地执行它。（反向指标）

维度四：跨部门合作（$MKOR_4$）

M_{41}：企业中的所有职能部门都以满足目标市场的顾客需求为共同目标。

M_{42}：我们至少一个季度召开一次跨部门的会议以讨论市场的发展趋势。

M_{43}：企业的营销人员会花费一定时间和其他部门的人员讨论顾客将来的需求。

M_{44}：企业不同部门的活动协调得很好。

M_{45}：当我们发现顾客希望公司对产品或服务做出改进时，企业的各个部门会共同努力去完成这一任务

第五节 内部市场导向和外部市场导向

一、传统的市场导向是典型的外部导向

市场导向的企业收集与顾客和竞争者相关的信息并对此做出反应。他们通过增加顾客满意度和新产品的成功率来促进销售增长和增加盈利率，能够更快和更有效地应对外部环境的机会和威胁。市场导向在收集企业外部信息的同时，对企业内部信息则关注得很少，如企业的雇员情况、内部服务过程和内部顾客等。对市场导向程度的测量也只是集中于企业的外部成功因素，而不是内部成功因素（如：雇员的激励和保持、内部服务质量、更好地内部传递过程）。尽管市场导向也强调企业内部的跨部门合作，但是这一合作只是为了更好地收集外部信息以及对这些信息做出更好的反应。因此，传统的市场导向是典型的外部导向。为便于区分，本书将传统的市场导向称为外部市场导向。

二、寻求内部市场导向与外部市场导向的平衡

在服务经济日益重要的今天，企业战略仅仅依靠外部导向是不够的，一个能够在内部和外部导向之间寻求平衡点的公司将比一个纯粹的外部导向公司能够制定出更为有效的战略。事实上，这一观点已在营销理论及战略管理理论中得到了广泛认同。

1981年，Booms和Bitner为服务产品的营销建立了一个7Ps框架。这一框架在原来的4Ps框架的基础上增加了人员、实体展示和过程这三个新的要素。营销组合的这一扩展表明了服务营销者除了管理传统的外部因素之外，还需要管理人员和服务生产过程等内部因素。从此以后，"服务营销者需要在内部因素和外部因素的管理中寻求平衡"这一主题在服务营销文献中受到了广泛的讨论（Grönroos，1985；Gummesson，1987；George，1990；Piercy & Morgan，1990；Harari，1991；Harrell & Fors，1992；Azzolini & Shillaber，1993；Bak et al，1994；Foreman & Money，1995）。

对于纯粹的外部导向行为，Gummesson（1994）借用Levitt早

年提出的"市场营销近视症"这一概念，称之为服务营销近视症。随后，Gummesson（1998）认为从一个只关注企业内部因素的"营销近视症 1"到只关注外部因素的"营销近视症 2"（或服务营销近视症）并不意味营销理论有多大的进展。Hunt 和 Morgan（1995）在分析市场导向时也指出，外部市场导向有利于企业对外部的机遇和威胁做出更快的反应，但是它并不收集企业的内部信息，特别是与雇员能力和动机相关的人力资源信息。但正如 Kohli 和 Jaworski（1993）所述，反应计划的设计只是对市场信息做出成功反应的一个方面，更重要的是这一计划的执行，而它们直接取决于雇员的反应能力、动机和行为，特别是在服务企业。

企业需要平衡内部市场和外部市场导向的观点也得到了一些战略管理研究者的重视（Kaplan & Norton，1996）。在利用平衡积分卡的方法将战略转化为行动的文献中我们可以看到这一点。平衡积分卡法意味着对公司业绩的评价不仅仅从纯财务的角度入手，而且考虑了当前顾客、内部过程、雇员和企业业绩以及企业的长期财务成果之间的关系。Kaplan & Norton（1996）提出的平衡积分卡包含了财务的、顾客的、内部业务过程、学习和增长四种类型，而对内部业务过程的重视正是内部导向的体现。从平衡积分卡的观点来看，内部市场导向是企业战略成功的基础，这一方法还进一步指出了内部市场、雇员和过程的管理是服务管理的基本领域。

在讨论组织学习和智力资本的产业组织文献中，不少学者（Nevis et al.，1995；Brown & Hendry，1997，1998；Roth & Kleiner，1998）也强调需要平衡内部市场导向与外部市场导向的关系。Nevis 等（1995）认为，组织学习过程包括三个阶段，分别是：知识的获得、知识的分享和知识的运用。然而，知识并不仅从外部环境中获得，而且能够从内部环境中获得。在他们提出的促进组织学习的 10 个因素中，有四个是与企业的内部环境相关的。他们的研究发现，导致经营困难的主要是内部因素，而不是外部因素。因此，公司的外部因素不仅能让管理者识别企业发展的机遇和挑战，而且为他们糟糕的经营业绩提供了借口，对企业内部因素的关注则可以帮助企业识别内部的优势和劣势，寻找出导致不良业绩的另一方面的原因。

三、内部市场导向的构成

尽管有不少文献对内部市场导向进行了讨论，但目前并没有明确内部市场导向究竟包括哪些内容，因此，本文综合各方面的观点，归纳出内部市场导向的二个构成要素。

内部市场导向的第一个要素应当是雇员导向，它在关系营销的文献中得到了大量的讨论。例如在 Payne 等（1995）提出的关系营销的六市场模型中，就包括内部的雇员市场，Gummesson（1994）提出的关系营销的 30R 模型也强调了雇员导向的重要性。Greenley 和 Foxall（1997）总结的雇员导向是指：

◇ 为理解雇员的兴趣作正式的调研。

◇ 管理活动考虑到雇员的兴趣和利益。

◇ 制定符合雇员利益的战略。

◇ 公司的企业文化具有言论自由的特点。

◇ 在公司任务中，雇员利益相对于其他利益相关者的利益所占的比重较大。

Fritz（1996）也提出了三个雇员导向的操作因素，包括：

◇ 将雇员满意作为公司的战略目标之一。

◇ 在公司的战略中，考虑雇员职业生涯的发展。

◇ 在公司战略中，包含了雇员授权的因素。

内部市场导向的第二个要素是内部顾客观念。内部顾客观念有两种表达形式，一是传统内部营销文献中提到的企业将雇员当作内部顾客，将工作当作产品的观点；另一种则来自于全面质量管理文献，提倡将企业业务流程中的上一级部门看作内部供应者，下一级部门看作内部顾客，并强调在企业的内部服务传递过程中，内部供应者要努力使他们的内部顾客满意。内部顾客观念的第一种表达形式的本质即是雇员导向，因此本书在此讨论内部顾客观念时只侧重于它的第二种含义。

Conduit 和 Mavondo（2000）在研究内部顾客导向与外部市场导向的关系时设计了一份度量内部顾客导向的量表，其中包含了以下指标：

◇ 在进行跨职能合作时，相关部门相互之间都将对方当作客户。

　　◇ 公司各部门都在不断地寻找新方法，以增加他们提供给其他部门的产品和服务的价值。

　　◇ 公司各部门通过合作的方式以确保了解其相关部门的工作要求。

　　◇ 公司强调各部门相互之间都应将对方当作客户。

　　◇ 公司各部门都能为其相关部门提供具有真正价值的产品和服务。

　　◇ 公司各部门能系统地评价其相关部门提供给他们的产品和服务的质量。

　　根据 Greenley 和 Foxall（1997）、Fritz（1996）以及 Conduit 和 Mavondo（2000）的工作，本文构筑了一个包含两个维度，共 15 个项目的内部市场导向量表（见表 3.5）。

表 3.5　　　　　　　　　　　　内部导向量表

雇员导向（$INOR_1$）

IN_{10}：当员工对公司有意见时，有正式畅通的申诉渠道

IN_{11}：公司为了了解雇员的兴趣做过正式的调研

IN_{12}：公司定期系统地测量员工的满意度

IN_{13}：针对雇员对组织的贡献，我们进行测量并给予适当的回报

IN_{14}：组织会在不同程度上灵活地满足雇员的不同需求

IN_{15}：组织为员工提供了良好的工作环境

IN_{16}：公司定期为优秀的员工颁发荣誉称号（如先进生产者，劳动模范等）

IN_{17}：在公司的战略中，考虑雇员的职业生涯的发展

IN_{18}：公司在开展管理活动时考虑到雇员的兴趣和利益

IN_{19}：公司制定了符合雇员利益的战略

内部顾客观念（$INOR_2$）

IN_{21}：公司强调各部门相互之间都应当将对方当作客户

IN_{22}：公司各部门都在不断地寻找新方法，以增加他们提供给其他部门的产品和服务的价值

IN_{23}：公司各部门能系统地评价其相关部门提供给他们的产品和服务的质量

IN_{24}：公司各部门都能为其相关部门提供具有真正价值的产品和服务

IN_{25}：公司各部门通过合作的方式以确保了解其相关部门的工作要求

提出内部市场导向的构念和构建相应的量表是因为内部市场导向所强调的内部顾客观念会极大地促进组织的外部市场导向程度。首先,内部顾客观念是以提高企业的内部服务质量为目的的,贯彻这一思想意味着企业内部服务链中的上一级部门和下一级部门分别应当被看作内部供应者和内部顾客。在服务传递过程中,内部供应者应向他们的内部顾客营销自己的产品,并且使用内部顾客的满意度作为评价内部供应者工作业绩的一个重要指标,由此导致的组织内部顾客满意度的提高、各部门报酬奖励系统的完善都会使组织中的跨部门合作更加协调。内部顾客观念还要求内部供应者在提供服务时必须充分了解内部顾客在接受服务前的需求及接受服务后的反馈意见,整个内部服务链(供应链)将会在充分信息的条件下运作,从而也促进了市场信息的传递。以上这些因素都会促进组织外部市场导向程度的提高。

内部市场导向促进外部市场导向程度提高的另一个原因则来自于组织对雇员的重视。当企业充分关注他们的员工,积极了解员工的需求并支付员工合理的报酬时,组织可能设计更适合于员工执行的市场反应计划,员工也会乐于付出更多的努力从而提高企业市场反应计划的执行效率。

综上所述,建立市场导向的组织不能忽视内部市场导向观念的传播,一个在主观上过于强调外部市场导向而忽视内部市场导向的企业可能并不能成为一个真正的外部市场导向的企业。当然,本书只是初步提出了测量内部市场导向的测项,后续研究还需要对其做完善的信效度检验。

第四章　发展促进人力资源
管理的内部营销工具

　　与营销职能相关的内部营销是从一个更具操作性的角度来看待营销的内部化，其中包括营销技术在企业管理中的运用和营销与其他职能部门的关系管理两部分内容。营销技术（或方法）是指在营销实践中被使用，且属营销领域中独有的一些管理技术与方法。在现有的内部营销文献中，受关注最多的是如何在企业的人力资源管理中使用营销技术。学者们纷纷尝试着将不同经济形态演进背景下的各类营销方法运用到企业的人力资源管理中，并将其称为类营销技术（marketing like technique）。但是，营销方法在人力资源管理中的适用性问题并没有得到应有的关注，因此本章的重点是在回顾现有研究成果的基础上讨论营销技术在人力资源管理中的适用性问题。本章首先介绍了经济环境演进背景下营销技术的变化；其次讨论了不同营销技术在企业人力资源管理中的运用情况；最后，使用交易成本分析方法对营销技术在人力资源管理中的适用性问题进行了讨论。

第一节　经济形态演进背景下营销技术的变革

一、经济形态的演进

　　人类历史的变迁伴随着社会经济时代的演进。早在 20 世纪 70年代，未来学家托夫勒（Toffler）在其著作《未来的冲击》中就曾写道：几千年人类经济发展的历史表现为三个阶段：产品经济时代（包括产品经济时代和后产品经济时代）、服务经济时代和体验经济时代。在新世纪即将来临的时候，美国战略地平线 LLP 顾问公司的创始人 Pine II 和 Gilmore 则依据经济提供物的变化来描述经济形态的演进，从而进一步完善了经济形态演进的理论。

Pine II 和 Gilmore 认为，到目前为止存在四种经济提供物，按照出现的先后顺序分别是：产品、商品、服务和体验。每一种新的经济提供物出现后，都将会取代原有经济提供物在社会经济中的统治地位，因此可以根据社会经济中占统治地位的经济提供物的类型，将经济发展史划分为四个时代：农业经济时代、工业经济时代、服务经济时代和体验经济时代（见表4.1）。

表4.1　　　　　　　　　不同经济形态的特征

经济提供物	产品	商品	服务	体验
经济	农业	工业	服务	体验
经济功能	采掘提炼	制造	传递	舞台展示
提供物的性质	可替换的	有形的	无形的	难忘的
关键属性	自然的	标准化的	定制的	个性化的
供给方法	大批储存	生产后库存	按需求传递	在一段时期后披露
卖方	贸易商	制造商	提供者	展示者
买方	市场	用户	客户	客人
需求要素	特点	特色	利益	突出感受

1. 农业经济时代

农业经济时代的主要经济提供物是产品。Pine II 和 Gilmore 将产品定义为从自然界发掘和提炼出来的材料，如动物、矿物、蔬菜等。几千年来，这些农产品构筑了农业经济发展的基础，为家庭和村落提供了最基本的生活保障。农业经济的基本单位是"家庭"，它既是生产者，又是消费者。典型的农业经济是自给自足的，尽管同样存在着或大或小的市场及或多或少的产品贸易，但是并不存在现代意义的营销，市场中产品的价格完全由"看不见的手"来决定。

规模巨大的产业革命彻底改变了人们的这种生活方式。它从农业开始，迅速蔓延到工业之中。借鉴了18世纪50年代前后英国企业的成功经验，19世纪50年代发生了后来被称为"美国制造系统"的迅猛的集体产业革命。由于全世界的生产厂家都纷纷模仿和学习这些技术，使得数以万计的手工业作坊迅速走向机械化。这种先进的经济形态以不可阻挡之势使产品向商品转化。

2. 工业经济时代

工业经济时代占统治地位的经济提供物是以初级农产品为原材料加工而成的各种有形商品，它们以标准化的方式在企业中生产、储存，而后又从商店、商场或以订货的方式被出售到广大的消费者手中。在工业经济时代的早期，仍然伴随着商品短缺，企业首先关注的是通过提高生产效率来增加产量。随着短缺经济逐步退出历史舞台，商品的性能、质量又成为了人们关注的新的焦点，企业开始不断地对自己的产品进行精益求精的改进、提高产品的技术含量、倡导各种各样的行业标准。到了后工业经济时代，随着技术的进步和企业规模的不断增大，市场中的商品种类及数量越来越多，竞争也越来越激烈，降价开始成为普遍的商业行为。为了跳出"价格战"的陷阱，制造商们开始将商品与服务进行捆绑销售，尽管他们的初衷只是希望通过提供更好的服务来促进商品的销售，但是随着消费者对服务需求的不断增加，服务经济时代却悄然地走到了人们的身边。

3. 服务经济时代

服务是根据已知客户的需求进行定制的无形的活动（Pine Ⅱ & Gilmore，1999）。无论是从就业人口，还是从服务对 GDP 所作出的贡献来看，西方发达国家都早在20世纪的50年代就已进行入了服务经济时代（尽管这是后来才意识到的），并于80年代后趋于成熟。此时，企业意识到消费者更加看重的是服务，他们便开始对所提供的服务进行单独收费。最终，精明的制造商改变了传统的商品观念，而在很大程度上更像是一个服务提供商。

例如 IBM，在20世纪60年代和70年代这一全盛时期，这个硬件制造商喊得最多的口号是"IBM 就意味着服务"，它对那些愿意购买其硬件产品的公司给予大量的无偿服务,包括规划设施、编制程序代码、兼容其他公司的设备并与之融为一体,为自己生产的机器提供维修服务等。IBM 的这些工作做得惊人之好以至于压倒了几乎所有的竞争对手。但随着时间的推移,这一产业成熟起来,顾客对于服务的要求超出了 IBM 公司能够提供免费服务的能力,IBM 开始明确地要求对其提供的服务付费,因为公司管理者发现,公司曾经免费提供的服务,事实上是最有价值的商品。今天,随着计算机主机利润日益稀薄,IBM 的全球服务网点却在以两位数的速度增加,这个公司不再为出售其商品而免费提供服务。与之相反的是,如果客户愿意与 IBM 的全球服务系统签约来管理其信息系统的话,IBM 愿意购买客户的硬件。事实上,IBM 已将其硬件制造中的 PC 事业部卖给了中国的联想集团。类似地,通用电气公司中对其利润贡献最高的是资本,美国三大汽车制造商事实上通过它们的金融手段挣的钱比通过制造汽车挣的钱还要多。另外一些提供服务的企业则同样将商品与服务捆绑起来销售,但现在免费的不是服务而是有形商品,例如很多国家的移动电话公司为鼓励大家接受它们的服务,以一元钱的名义价格提供手机。

不幸的是,随着互联网的普及,人们获取价格信息的能力空前提高,商品化的阴影又再次笼罩到服务产品的头上。电话公司单纯地以价格为竞争手段,来出售其长途电话服务;航空服务、旅游服务中价格战的硝烟弥漫在各国上空,航空公司在提供大幅度折扣的同时还为旅客提供大量免费飞行奖励。因此,Pine II 和 Gilmore 认为:服务经济已经接近极致,仅仅有产品和服务已经不够,一种建立在"体验"基础之上的新的经济形态已经来到了人们的面前。

4. 体验经济时代

当企业有意识地以服务为舞台,以商品为道具为顾客提供一个消费环境,使融入其中的消费者在一系列的过程中产生美好而难忘的感觉时,就可以认为该企业正在提供一种新的经济提供物——体验。典型的体验产业是包含电影、音乐会、运动会等在内的娱乐业,根据美国劳工统计局提供的资料,可以从就业和名义 GDP 这两个指标中看出体验产业强劲的发展势头。美国的农产品产量在

1959—1996 年以平均超过 5% 的增长率增长,而农产品行业的雇佣人数却在减少;制造业产出的增长超过了农产品行业,而雇佣人数略有增加;服务行业的雇佣人数的平均增长率为 2.7%,而对 GDP 的贡献的增长率超过了 8%。有意思的是典型的体验行业——娱乐业的增长则更为迅猛,产出增长略高于服务业,就业增长则差不多是服务的 2 倍。

与统计指标所显示的数据相一致的是,越来越多娱乐业之外的企业参与到创造体验的活动中来。热带雨林咖啡厅、硬岩石餐厅通过塑造富有感官刺激的用餐环境为顾客带来特殊的用餐体验;大众汽车公司在德国的沃尔斯堡开设汽车城主题公园,喜力(Heineken)啤酒公司则将一个废弃的博物馆转换为喜力体验。在 IT 行业,除了网络在线游戏风靡全球之外,HP 公司开展了 TEC(全面客户体验),微软引入了 XP(体验),联想集团也提出了类似的经营理念。体验经济将为顾客创造更多的价值,为企业带来更多利润,也将为社会创造更多的就业机会。

二、经济形态演进背景下营销技术的变革

"营销关心的是相互满足的交换关系的认可、创造与维护等问题"(Grönroos,1998),因此,"经济提供物的改变和经济形态的演进,势必会影响到营销所关心的'相互满足的交换关系',而交换关系一旦改变,营销的模式就必然要进行相应的调整"(汪涛和崔国华,2003)。所以不同经济时代的更迭,都会产生一种新的营销模式(见图 4.1)。

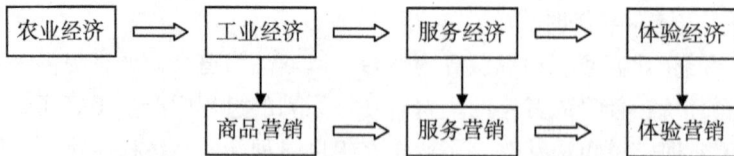

图 4.1 经济形态与营销模式演进的关系(汪涛和崔国华,2003)

营销模式的变革蕴含着营销技术的变化。在商品营销模式中,

4Ps 组合是经常使用的营销技术；在服务营销模式中，经常可以见到 Gaps 模型的身影；尽管体验营销出现的时间较短，为数不多的体验营销方法并不太成熟，但是汪涛和崔国华（2003）提出的 5E 模型不失为一种不错的选择。以上几种营销技术都被学者们发展为内部营销工具，但是在他们的研究中，所有学者无一例外地将雇员当作企业的内部顾客，将招聘、雇用、发展和保持具有更高顾客导向和组织承诺的雇员作为内部营销的目标，这实际上与人力资源管理的范畴并没有什么差别。因此就本质而言，这些内部营销技术的发展就是营销技术在人力资源管理中的运用。

第二节　营销技术在人力资源管理中的运用

学者们在发展不同的内部营销工具时，均提出了一个研究假设，即将企业中雇主为雇员提供的工作看作某种经济提供物。将工作看作产品的学者认为可以将 4Ps 组合作为内部营销工具；将工作看作服务的学者认为可以将 Gaps 模型作为内部营销工具；而将工作看作体验的学者则构筑了一个基于 5E 模型的内部营销框架。

一、将工作当作产品：4Ps 组合在 HRM 中的运用

Flipo（1986）也许是最早在内部营销中使用 4Ps 框架的学者，他对内部营销工具的描述是：（1）产品：指工作。（2）价格：主要指雇员付出的体力和脑力劳动成本以及对工作不满意时的心理成本。（3）分销：为将工作销售给更合适的人或更具吸引力，企业应当尽量使工作场所离雇员居住的地方更近一些。这似乎就像为使消费者更方便得到产品一样。（4）促销：通过与员工的双向交流来促进他们对工作及企业的各类战略的了解以使其对工作或战略有更高的接受度。

Piercy 和 Morgan（1991）及 Piercy（1995）建议内部营销战略可以使用外部营销技术中的 4Ps 工具去处理内部雇员市场中的问题。Collins 和 Payne（1991）则直接指出，内部营销的概念和营销管理中使用的方法为人力资源管理提供了一个新的视野，在人力资

源管理中应当使用营销调研技术去了解内部员工的思想和需求，并在此基础上对内部顾客市场进行细分，以便为不同内部目标顾客提供不同的人力资源服务。

二、将工作当作服务：Gaps 模型在 HRM 中的运用

无形性、服务效果的不稳定性以及服务生产与消费的同时性是服务产品的三个重要特征。Straughan 和 Cooper（2001）认为，雇主向雇员提供的工作也具有这些特征，因此，工作更应当被看作雇主向雇员提供的一种"服务"，而不是一种产品，所以内部营销技术应当更多地以服务营销方法为基础。在这一思想的指导下，他们将服务营销中的 Gaps 模型发展为一种促进内部顾客（雇员）满意的工具。

（一）工作与服务产品的类似性

首先，工作是无形的，一个雇员在选择一项工作时，不可能像选择一项实体产品那样，可以获得一个看得见、摸得着的参照物供他去评价。无形性导致雇员在选择某一项工作时必须冒更多更大的风险，这也使得他们在选择工作时如同选择服务产品一样，更倾向于从别人那里获得一些信息，而不是更多地依赖于企业自己的广告宣传。

相对于有形产品而言，服务的质量和效果更不稳定，它更多地依赖于产生服务时的环境因素、服务提供者以及服务接受者的特征。雇员对工作的感受也具有同样的特点，这种感受不仅取决于雇主所提供的工作条件，而且与很多外生变量也有关系，例如雇员工作时所接触的同事、顾客乃至于竞争者的差异都会导致雇员工作感受的差异。

服务产品的生产与消费往往具有同时性，这使得消费者自身的特征对服务的质量和效果具有一定的影响。而如果将雇主向雇员提供工作看作提供一种服务的话，那么雇员在消费这种服务时所产生的感受显然更容易受到雇员自身特征的影响。

（二）Gaps 模型和人力资源管理

服务营销中的 Gaps 模型通过分析 4 种类型的差距来缩小顾客

对服务质量的期望和感知之间的距离，以达到顾客满意最优化的目的。Straughan 和 Cooper（2001）认为，企业在为雇员提供工作时，也可以利用这一模型来缩小雇员对工作的期望与感知之间的差距，从而达到雇员满意最优化的目标。他们将原始的 Gaps 模型做了修改（见图 4.2），以适用于人力资源管理的需要。

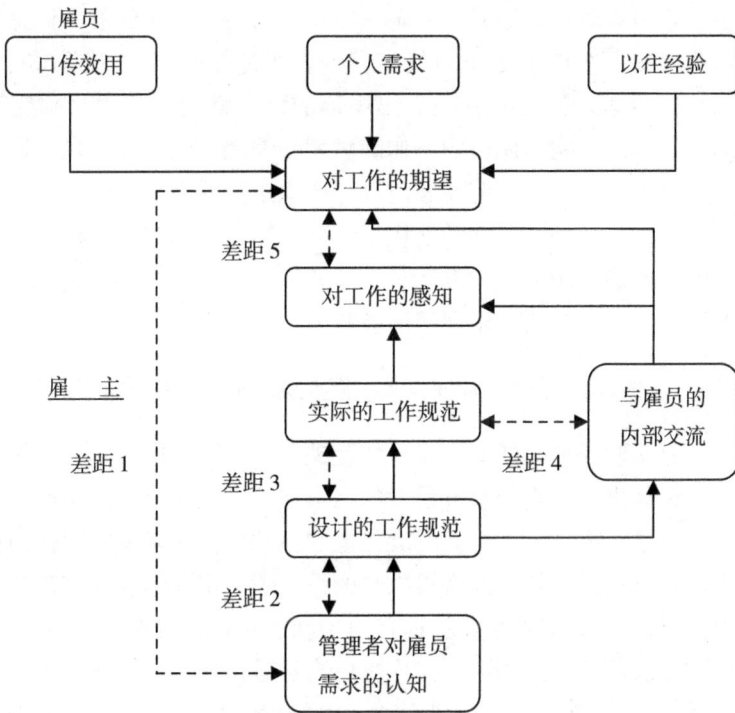

图 4.2 Gaps 模型在 HRM 中的应用

在图 4.2 所示的模型中，差距 1 表示雇员期望与管理者对雇员期望的感知之间的差距，企业为缩小这一差距，可以使用焦点小组访谈、关键事件分析、深度访谈等市场调研技术去深入了解雇员对工作岗位的期望。差距 2 反映的是企业所设计的工作规范（包括职责、报酬、升职机会、可用资源等）与管理者对雇员期望的认知之间的差距。这一差距可能是所有差距中最大的一个，因为企业对工作规范的设计毕竟不能完全取决于雇员的喜好，而应当在企业需求与雇员需求之间寻求平衡。差距 3 是设计的工作规范与实际执行的工作规范之间的差距。例如，企业在工作规范中也许明确了某一岗位使用何种激励机制，但在实际执行中，处在这一岗位的员工也许并没有完全根据规定的激励机制来获取报酬。这一差距不仅受到管理者的影响，而且员工之间的相互作用也可能决定这一差距的大小。差距 4 表示的是雇员从企业中获得的有关工作规范的信息与实际执行的工作规范之间的差距。企业通过任何方式（正式或非正式的）传递给员工的有关工作规范的信息都会影响雇员对工作的期望，从而影响到雇员的工作满意度。因此，企业应当较好地管理雇员对工作的期望，避免做出过分的承诺。差距 5 是以上四种差距的总和，是雇员对工作的期望与实际感知之间的差距，根据服务营销中经典的"不一致判断理论"（disconfirmation judgement），这一差距的大小会直接决定雇员的满意度。

三、把工作当作体验：5E 模型在 HRM 中的运用

随着体验经济时代的到来，体验被作为一种新的经济提供物从服务中独立出来，它与服务最大的区别在于无论在体验的生产过程还是消费过程中，顾客都有具有更大的主动性。如果要将工作当作雇主对雇员提供的一种经济提供物的话，那么工作的生产与消费过程中，雇员（内部顾客）所具有的主动性可能是任何其他经济提供物都无法比拟的。因此，工作更应当被看作雇主向雇员提供的一种"体验"，而不是一种"服务"，内部营销技术应当更多地借鉴体验营销中的方法。基于这一思想，崔国华（2003）以他们发展的体验营销 5E 模型为蓝本，构筑了一个内部营销的体验式模型（见图 4.3）。

该模型表达了工作产品的生产与消费过程，大致可以划分为三个阶段：工作的设计、工作的实现、工作的管理，企业管理者应当通过对这三个阶段中各个要素的控制来管理这一过程，这些要素包括：工作、情境、事件、浸入和总结。

1. 工作

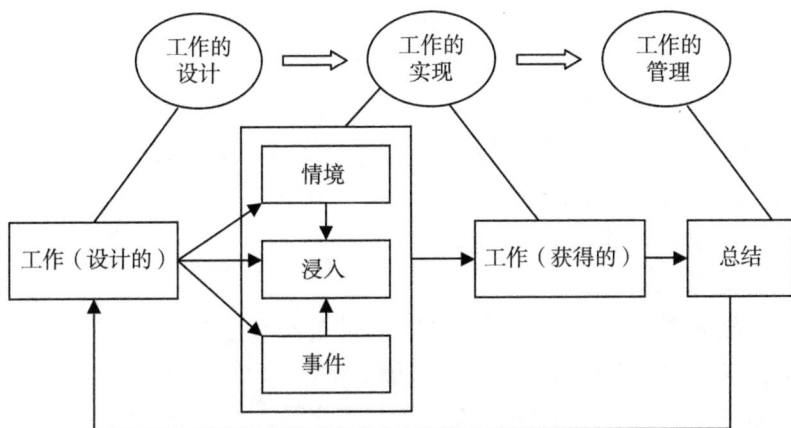

图 4.3 内部营销的体验式模型（崔国华，2003）

工作是模型中最基础的要素，其他要素的设计都必须考虑工作要素的要求。企业在设计工作时应当是员工导向的，即要充分考虑从事这一工作的雇员的需求，尽可能地使得员工不至于将工作当作负担，而要让他们在工作中实现自身的价值，体验到工作中的乐趣。例如，企业在工作设计中不仅仅要考虑到员工的工作效率，还要考虑到员工在工作中与其他员工（上级、下级或是合作伙伴）相互接触时所涉及的心理情感，从而使他们能够以更积极的情感、态度体验其工作。

2. 情境

情境指的是企业为员工提供的工作环境，包括硬环境和软环境。硬环境指员工的工作场所和工作设施，软环境则指公司的规章制度、内部信息渠道、企业文化等方面的内容。为了使员工能够在工作中体验成就感和归属感，情境要素的设计也不能只考虑到工作效率的问题，必须同时考虑内部顾客的心理和情感特征。例如，在工作场所的设计方面，除考虑工作的便利性之外，还应当考虑一定的观赏性和舒适性；在对信息沟通渠道这一软环境的设计方面，也应当适当地组织一些气氛轻松的非正式活动，使员工不至于完全依靠正式的途径来获取信息。

3. 事件

事件是指员工完成每一个任务所需要的工作程序。为提高工作效率和保证工作业绩的稳定性，很多企业对工作流程都会做严格的限定，这可能会在一定程度上打压员工的个性。如果将工作当作员工的一种体验，就应当强调充分发挥员工的聪明才智和主观能动性，在可能的情况下增加对员工的授权力度，这对员工的工作效率和工作业绩可能会起到促进作用。

4. 浸入

浸入要素强调的是员工参与工作的投入程度。企业应当使用各种方法，尽可能地诱导员工更加积极地投入工作，包括在员工招聘时选用更具有敬业精神的人员；设计工作时，考虑让员工适当地参与，以便更可能地满足他们的需要；使用更合理的激励机制，以诱使员工为获取更多的报酬或得到升职的机会而投入地工作。

5. 总结

工作本身也是一个不断学习的过程，企业和员工都会在此基础上获得更多的知识、积累更多的经验，因此定期对员工的工作过程及状况进行总结是十分必要的。总结也是一种维护企业与内部员工关系的过程，这类似于顾客回访。总结的过程将使企业对内部顾客的需求以及需求满足的情况有更进一步的了解，并指导下一阶段工作的设计与提供，从而有利于双方关系的进一步改进和巩固。从这一层意义上来说，总结也应当被看作工作的一个部分，而不应被看作工作之外的事情。所以，对总结的设计也必须围绕内部顾客的心理和情感特征来进行，使员工感觉到总结并不只是企业对自己能力和成就的检阅，而是对员工职业生涯的一种维护工作。

第三节 营销方法在人力资源管理中的适用性
——基于交易成本的观点

一、是否应当在人力资源管理中使用营销技术

作为人力资源管理工具的内部营销在受到一些学者青睐的同时，也招致了尖锐的批评。Rafiq 和 Ahmed（1993）提出了三点

批评：

（1）将工作当作"产品"是不确切的，因为企业营销给雇员的"产品"很可能是雇员不想要的或是有副效用的工作，但是雇员却并没有自由的选择权。由于契约的约束，雇员只能被迫接受，这与外部营销有着很大的不同。

（2）使雇员满意的成本很可能是巨大的。

（3）将雇员看作顾客可能会导致雇员和顾客到底谁更重要的争论。

Hales（1995）则进一步指出：雇主才是雇佣关系中的购买者和消费者，他们使用雇员的劳动力并为此支付工资，是否消费雇员的劳动力的自主权往往在雇主手中而不在雇员手中。他还认为"雇员消费工作"这一假设不仅歪曲了雇佣关系，而且歪曲了劳动者在工作过程中的作用。因为雇员并不是工作的消极消费者，而在工作设计及改进中起到了重要的作用。

以上的批评意见也有一定的局限性。首先，在企业的雇佣关系中，权力并不总是向雇主一方倾斜。雇佣关系中代理者（即雇员）的道德风险（隐匿行为）和逆向选择问题（隐匿信息）一直困扰着雇主。而且随着科技的发展，企业内部人力资产的专用性程度不断地提高，这也导致雇主的专用性培训费用增加，从而使得中止雇佣合同的成本也越来越高。

其次，使雇员满意确实是要花费成本的，但所花费的成本与雇员的满意程度应当是相关的。企业作为一个以盈利为目的的组织，应当有能力根据他们从雇员满意中获得的收益来判断对雇员满意的投入水平。这一点也决定了内部营销的局限，即对不同类型的企业的重要程度应当是不一致的。例如它在服务企业中更为重要，因为在服务产业中雇员尤其是接触性雇员对顾客满意的影响更大，但他们的行为却更难监督。至于顾客满意与雇员满意的重要程度问题，内部营销的学者已作了清晰的阐述，即后者是为前者服务的。

最后，关于Hales所提出的"内部营销假设歪曲了劳动者在工作过程中的作用"这一观点更是值得商榷。因为现代营销理论并不把顾客看成是消极的消费者，而是强调营销过程中企业与顾客间的互动关系。Sheth 早在 1988 对营销理论进行分类时就使用了一个"交互式"维度，即指买卖双方相互影响，两者都可能引导营销功能。

然而上述观点却提醒了管理者，营销技术并非在所有的人员管理中都是适用的，因此有必要对营销技术在人力资源管理中的适用性问题进行研究。

"营销是由一些引起另一个社会单元反应的非强迫性的活动构成的"（Kotler，1972），营销技术显然具有劝导性的特征。将这些具有劝导性特征的营销技术运用于人力资源管理的目的也就是为了建立企业与雇员之间的良好关系，更好地促进雇员满意。因此，提倡在人力资源管理中使用营销技术的本质就是发展一个企业与雇员之间的关系治理机制，所以可以将分析营销方法在人力资源管理中的适用性问题，转化为分析企业内部交易中关系治理机制的适用性问题。以下内容中将使用交易成本分析这一强有力的工具来对此问题进行深入探讨。

二、企业的内部交易及其特征

1. 企业的内部交易

Coase（1937）认为企业和市场是相互替换的两类交易治理机制。但是 Alchian 和 Demsetz（1972）却把企业看作另一种类型的市场。Klein（1983）则更直接地指出："Coase 错误区分了企业内和企业间交易，认为后者表现为市场合同，前者表现为计划指导。经济学家们现在认识到，这种区别并不存在，把发生于企业内部的交易也看作市场（合同）关系大有裨益。"张五常（1983）进一步深刻地指出："企业并非是为取代市场而设立的，而仅仅是用要素市场取代产品市场，或者说是一种合约取代另一种合约。"因此，完全可以将企业内部雇主与雇员之间及雇员相互之间的关系看作一种内部的交易关系。

2. 内部交易的特征

Williamson 分析交易特征的三个维度分别是：资产的专用性、不确定性和交易的频率。其中，资产的专用性被认为是分析交易最重要的一个维度，它是指"在不牺牲其生产价值的前提下，某项资产能够被重新配置于其他替代用途或是被替代使用者重新调配使用的程度"（Williamson，1975）。不确定性可分为环境的不确定性和行为的不确定性两个方面，前者导致交易过程中的适应性问题，而后者对交易产生的影响是加大了测量交易各方贡献的难度。交易的频率是指一段时间内交易发生的次数，因此可将交易分为"偶尔进行的交易"和"重复交易"两大类。

分析企业内部交易的特征也可以从这三个维度入手。首先，在雇主与雇员之间的交易中，同样存在着人力资产的专用性问题。Williamson（1975）在分析雇佣关系时就曾指出，在内部人力市场的交易中，资产的专用性至少有以下四种表现形式：

（1）由非完全标准化的设备（它可能是普通设备）引起的设备专用性，即指雇员即便在使用一些普通设备时，设备的一些特征也只有通过经验才能了解到。

（2）过程专用性，它由工人和他的同事在具体的操作环境中形成或"采用"。

（3）非正式的团队适应性——由各方在不断接触中的相互适应所导致。但是，当团队成员结构改变时，这种适应性会受到损害。

（4）信息沟通专用性，即只在企业内才有价值的信息渠道和符号（Doeringer & Piore，1971）。

Williamson 还进一步强调，"专用性岗位培训通常发生于在职背景中，课堂培训并不适用，因为与具体操作、机器、工作团队和更一般的工作场所的气氛相联系的专用性特征可能无法在教室中复制出来。因此，只有通过被雇用，并发生必要的初使成本，缺乏具体经验的外部人才能达到与内部人相同的水平"。

当一个企业持有一定程度的专用性资产时，在外部交易中，交易的另一方往往具有更高的机会主义倾向，一旦另一方停止交易，将会导致企业对专用性资产投资的损失。值得强调的是，持有专用性人力资产可能比持有其他专用性资产更加危险，因为导致此类资产投资损失的力量还有可能来自于企业内部。与持有其他非人力的专用性资产不同，企业并不能拥有专用性人力资产的最终产权，一旦企业为建立专用性人力资产而花费大量投资所培训的雇员离开企业，同样意味着专用性资产投资的损失。因此，尽管 Williamson 是在分析外部交易时提出人力资产的专用性问题，但是这一概念在分析企业雇主与雇员的内部交易时同样具有意义。所不同的是，在外部交易中，持有（是相对于交易另一方的一种相对持有状态，而不是最终持有）专用性人力资产的企业会处于劣势，但是在内部交易中，由于专用性人力资产的投资方往往是企业，持有（最终持有状态）专用性人力资产的雇员却处于优势地位（具有更高的机会主义倾向）。

由于内部环境相对于外部环境而言更为稳定，因此不确定性对内部交易产生的影响更多地表现为行为的不确定性方面，由此引致的是交易各方业绩的测度成本。Alchian 和 Demsetz（1972）曾强调企业内部的交易成本主要是团队生产的测度成本。他们认为，由于团队生产能够产生 1+1 大于 2 的效应，所以以团队生产为特征的企业会成为一种重要的治理机制。但是要维系团队生产，则必须在团队的参与者之间进行合理的收益分配，而其基础则是对各成员（包括雇主与雇员）业绩的测度问题。

交易频率对于外部交易的特征而言非常重要，因为它直接导致交易所适用的治理机制。但是雇主与雇员之间的交易往往处在一个连续的状态，也就是说，在大多数情况下，他们之间的交易都是重复发生的，因此本书并不将交易频率作为内部交易的分析维度。

综上所述，分析企业与雇员之间交易的维度主要有两个方面，一是人力资产的专用性，二是交易各方业绩测度的准确性。这两个维度相互组合，即可将雇主与雇员的内部交易分为四种类型。在以下内容中，本书将分析不同类型的交易所适用的治理机制。

三、内部交易的治理机制分析

交易成本经济学为不同类型的交易设计了三类治理机制，分别是：市场治理、关系治理和科层组织（垂直一体化）。市场治理适用于偶尔发生和重复发生的非专用性交易，因为交易是标准化的，所以离散合同范式的假设相当适用，合同各方的具体身份显得毫不重要。科层组织则适用于重复发生的、资产专用性程度很高的交易类型，由于在科层治理下产权的统一，使因资产专用性而导致的机会主义倾向得到一定程度的减少，从而降低了交易成本。关系治理是介于市场治理和科层组织之间的一种治理机制。其特点是交易各方在自主权得到保持的前提下进行不同程度的合作。关系治理适用于资产专用性介于标准交易和高专用性交易之间的重复性交易。

　　交易成本经济学所设计的治理机制对企业内部交易的治理同样具有指导意义。根据人力资产的专用性和业绩测度的准确性将内部交易分为四种类型（见图4.4），不同类型的交易所适用的治理机制也有所区别。

业绩测度的准确性

		低	高
人力资产的专用性	高	A 科层组织治理机制 （无需使用营销方法）	B 关系治理机制 （大量使用营销方法）
	低	C 关系治理机制 （适当使用营销方法）	D 市场治理机制 （无需使用营销方法）

图 4.4　内部交易的特征与治理机制

　　A类交易具有较高的人力资产专用性，而且准确测量交易双方的业绩也较为困难。业绩测度的模糊性会增加交易双方的转换成本，从而导致双方均有进行长期合作的意愿（如由雇佣关系转为合作伙伴）。人力资产的专用性对雇主带来了一定的压力，他们为了留住某些持有高专用性资产的雇员可能会愿意做出更多的让步（如稀释股权）。因此，一种类似于科层组织的治理机制可能更适用于此类交易。科层组织的最大特点是解决产权统一问题，尽管雇主不可能获得雇员人力资产的产权（除非在奴隶社会），但是如果企业能够稀释股权，将持有很高专用性人力资产的雇员转变为股东（即变为雇主），则产权统一性的问题就可能得到解决。科层治理下产权的统一，会使因资产专用性所导致的机会主义倾向得到很大程度的减少，从而达到降低交易成本的目的。科层治理机制已经是交易双方最高层次的合作，因此无需使用营销方法来促进双方的合作关系。

B类交易具有较高的人力资产专用性，但是交易双方都能够较准确地测量各自的业绩。业绩测度的准确性使得工作信息可以以较低的成本发布或获得，这在一定程度上减少了雇员与雇主之间的事前交易成本，使得雇佣双方较容易转移。但是，人力资产的专用性却对雇主形成了压力，雇员的跳槽会导致专用性人力资产投资的损失。因此，在此类交易中，雇主的协商能力受到了削弱，相对于雇员而言，他们更愿意发展一种合作关系，但是由于这种意愿的单边性（雇员可能并不是特别愿意，否则可以使用科层组织治理），关系治理机制会是雇主的较好选择。而在这种治理机制下，具有劝导性特征的营销技术在处理雇主与雇员关系时可能将会有较大的用武之地。

在C类交易中，人力资产的专用性程度较低，交易双方业绩测量的准确度也不高。业绩测度的模糊性会增加交易双方的转换成本，从而导致双方愿意发展一种合作关系，但是低的资产专用性程度使得雇员并不能具有更高的机会主义倾向，因此雇主并不愿意做出更多的让步（如稀释股权）。所以在此类交易下，关系治理机制会是不错的选择，但是由于交易双方都有发展合作关系的意愿，尽管企业使用劝导性的营销方法会巩固双方的合作关系，但此类方法的使用并不是必需的。

D类交易中的交易双方可以较容易地测量双方的业绩，而且人力资产的专用性程度也较低。前者使得交易双方的事前交易成本下降，而后者则降低了交易中的机会主义倾向从而降低了事后交易成本，因此，此类交易中的交易成本应当是四种交易中最低的。根据交易成本经济学的观点，市场治理机制在此时是最有效的，用于发展雇员关系的营销技术无需在此类交易中使用。

不同经济形态下，营销模式和营销技术发生了逐步的变化，营销学者们也不遗余力地将各种类型的营销技术运用到企业的人力资源管理中。但是，具有"劝导性"特征的营销技术并不适用于任何组织中的人力资源管理，上文根据交易成本经济学的理论，探讨了营销技术的适用性问题，在一定程度上为内部营销理论的发展作出了贡献。

第五章　促进企业战略执行的
内部营销工具

　　研究内部营销的学者（Winter，1985；Piercy 和 Morgan，1989；Rafiq 和 Ahmed，1993）强调在企业内部管理中使用营销方法可以促进企业的战略执行。但在现有的研究成果中，并没有一套系统的、促进企业战略执行的内部营销工具，本章将在战略执行理论的基础上发展一个促进企业战略执行的内部营销组合。

第一节　战略执行对企业的意义

　　创造和维持竞争优势以保证企业的生存和发展是企业领导者不可回避的主题，而其核心就在于企业战略的制定与执行。战略的本质是获得持续的竞争优势以创造价值，从而给所有者带来高水平的回报。但若不能将其有效地付诸实践，战略就只是可望而不可即的空中楼阁，企业的生存和发展都将面临巨大的威胁和挑战。相关研究显示，在美国，大约有70%的企业失败并非缘于低劣的企业战略，而是因为所制定的战略没有被有效地执行（《财富》，1999）。在经过精心策划的企业战略只有不足10%得到有效执行的同时（《财富》，1997），战略执行已经成为投资者判断企业价值最重要的非财务因素（Ernst 和 Young LLP，1998）。随着竞争环境变化速度加快，企业面临的竞争压力也与日俱增，准确有效地执行既定战略已非锦上添花，而是直接影响着企业的生死存亡。①
　　在我国，战略执行也已成为困扰企业最高管理者最重要和最紧

---

　　① 有关战略执行重要性的论述，还可参阅本节中的阅读资料部分。

迫的问题之一。随着企业产权制度改革的不断深化、市场化改革进程的逐渐提速以及科学技术的迅猛发展，中国的市场竞争程度已越来越高，企业面临的市场竞争强度和压力远胜于前。特别是在中国加入 WTO 以后，经济全球化的澎湃之势已然汹涌而至，越来越多的行业和市场已逐渐向国外企业开放。尚处于初级阶段的中国企业在应对国内竞争对手的同时，还要面对经过成熟市场环境锤炼的跨国企业的强大攻势。企业战略的制定与执行问题从来没有像现在这样严峻地摆在中国企业的面前。诚然，我国企业的战略规划水平尚有待于进一步提高。但是，在战略意识逐渐成熟的过程中，有效地执行既定的战略才能为企业赢得更多成长与学习的机会和时间。执行能力的不断增加反过来也会促进战略制定水平的提高，只有这样，企业才能不断在制定与执行战略的轮回中逐渐从稚嫩走向成熟。

在寻找促进战略执行的工具时，内部营销受到了一些学者的关注（Winter，1985；George，1990；Glassman & McAffee，1992；Piercy & Morgan，1991），但是他们都只是提出了内部营销可以用于促进企业的战略执行，至于如何发展一个促进企业战略执行的内部营销工具，现有的研究却很少涉及。本章将使用营销术语来讨论企业的战略执行问题，从而发展一个促进战略执行的内部营销组合。

阅读资料：摘自 Bossidy 和 Charan 的《执行——如何完成任务的学问》一书中有关战略执行意义的论述

施乐公司是世界头号复印设备制造商，它历史悠久，以至于它的英文名字——Xerox，就是复印机的代名词。但是这家企业却在世纪之交遇到了麻烦。1999 年 5 月，当公司的股票价格达到了每股 63 美元的巅峰之后，公司随即出现了一连串可怕的问题。收入增长停滞不前，利润一路下滑，公司的股票价格开始了一次令人心悸的下跌，到了 1999 年的 10 月份，股票价格跌到了每股 7 美元以下，成为 1991 年以来的最低点。甚至连公司的董事长 Paul Allaire 也直言不讳地宣布施乐公司的商业模式已无法继续推行下去。

施乐公司迫切需要一个新的战略，同时董事会也找到了一个合适的榜样——Louis Gerstner 在 20 世纪 90 年代初对 IBM 公司的改革。为了仿效 IBM 公司的变革，施乐公司聘请 Gerstner 麾下的得力干将 Rick Thoman 担任公司的 CEO。Thoman 上任之后，开始致力于将公司从一家产品和服务型企业转变为一家解决方案提供商，为公司制定了新的发展方向。Thoman 将公司的软件产品、硬件产品和服务结合起来，帮助客户整合纸面文件和电子信息流，并着手与微软和康柏这样的大公司建立合作伙伴关系以建立新的系统。对于一家非常需要新战略的公司来说，他的这一系列举措带来了巨大的影响。在 1999 年的年度会议上，Thoman 亲口告诉股东们："公司已经做好了充分的准备，一个新的成功时代就要来临。"同时他还预测，来年的收益率将达到 5 到 10 个百分点。投资者们对此也抱有很大的信心，公司的股票也因此而一路上升。

但是战略毕竟不是现实，Thoman 提出的新战略中的几个重要计划没有一项得以实现。整个公司的士气开始下落，运营过程中的现金流开始变为负值，投资者们也开始对施乐公司的财务状况失去信心。为满足现金需要，公司被迫出售了一些子公司。最终，Thoman 也被董事会责令辞职。

批评者们认为，导致 Thoman 及施乐公司失败的原因并不是战略本身的问题，而在于施乐公司是一个缺乏执行文化的企业，它所具有的俱乐部文化不大轻易接受一个外来者，正如 Thoman 指出的那样，他根本没有权力指定自己的管理队伍，也难以与执行者进行有效的沟通。

康柏公司的前任 CEO 埃克哈德·法伊弗曾经有过一个非常宏伟的战略，而且他差一点就把这个战略变为现实。他比任何竞争对手都先看到了所谓的 Wintel 体系（Windows 操作系统和 Intel 技术的结合）的市场潜力，并深信它将能够为从掌上电脑到服务器网络在内的所有设备提供服务。

和 IBM 一样，法伊弗将自己的业务基础扩展到为所有企业客户提供计算机服务。为了大举进入服务市场，他先后兼并了高端服务器制造商天腾公司（Tandem）和数字设备公司（DEC）。此后，法伊弗开始以一种令人目不暇接的速度实施自己的宏伟战略：在六年时间内将康柏公司由一家高价位办公室 PC 制造商转变为世界第二大计算机公司。在这种战略思想的指导下，到 1998 年的时候，康柏公司已经为成为行业主宰做好了充分的准备。

这个战略今天看起来似乎根本就是一场白日梦，因为康柏公司根本无法对兼并的公司进行整合。更为要命的是，无论是法伊弗还是他的继任者迈克尔·卡佩拉斯都没有采取及时的执行措施，就这样，在 PC 日趋成为一种家用商品的时候，康柏公司错失了大好的市场机会。

除了以上两个公司之外，近年来，Aetna、AT & T、英国航空公司、Campbell Soup、吉列、惠普、柯达、朗讯科技公司、摩托罗拉等世界著名的公司都没有取得预期的成功。事实上，这都是一些非常优秀的企业，拥有颇具天分的 CEO 和聪明过人的员工，这些公司都有着美好的远景规划，而且它们都聘请了最优秀的咨询人员。然而最终，它们以及许多其他公司都没有达到预期目标。

当公司没有兑现自己的承诺时，人们通常会把责任都归咎于 CEO 的战略失误。但是在大多数情况下，战略本身并不是原因。战略之所以失败，其原因在于它们没有得到很好的执行。很多计划都没有像预期那样得到落实，或者是组织根本没有足够的能力来落实它们。所以，很多 CEO 所犯的错误并不在于战略的设计上面，而是根本没有意识到应当如何将一个战略目标转化为具体的任务。他们不愿意对计划的落实情况进行跟踪，细节性的工作总是令他们讨厌。他们并没有考虑前进道路上会遇到什么障碍，所以也就无法选拔出适当的人选来实施一个项目。由于缺乏实际的参与经验，这些人根本无法对进行实际工作的人做出正确的判断和评估。

第二节　发展促进战略执行的内部营销组合

无论是在产品营销还是在服务营销中，营销组合（4Ps/7Ps）都是一个重要的营销工具，这一工具的意义在于列出了营销活动中的各个重要要素，并强调了要素之间的协同作用。Rafiq 和 Ahamed（2001）指出，可以将企业的新战略看作一种服务产品，将实施战略的员工当作企业的内部顾客，而企业实施战略即可看作向战略执行者营销新战略的一个过程。基于这个观点，本章发展了一个促进企业战略执行的内部营销组合，包括产品、人员、过程、地点、价格和促销这六个要素。

1. 产品（product）

产品要素是指企业希望执行的新战略。从战略管理角度来看，产品的确定（即设计新战略）需要综合考虑企业的外部环境所带来的机遇和威胁，以及企业内部能力的约束。但是由于一个新战略的实施很可能会引起组织中各方面的变革，而这些变革又可能会要求执行战略的员工在行为和态度上有所改变，从而触动组织中原有的部门及员工的利益，并导致他们对变革的抵触。因此，从营销哲学角度来看，企业在设计一个新战略时，同时还需要考虑雇员的需求，而不是完全根据管理者的观点来决定雇员的行为和态度应该如何改变。所以，在设计新战略时，外部市场和内部市场调研都是重要的。通过外部市场调研来鉴别市场机会，并了解利用这些机会所需要的组织能力；通过内部市场调研来识别企业的现有能力以及雇员的需求。在此基础上，将两方面的信息结合起来综合分析，才能最后确定企业需要实施的新战略，即所谓的内部营销的产品要素。

相对于顾客调查，企业也许需要更谨慎地对待内部的雇员调查。因为雇员往往会由于害怕受到报复而不提供真实信息，可以使用外部调研机构来获得较高的回应率或是更真实的信息。雇员调查和顾客调查的另一个不同点是，如果不给予受访者一定的调查信息反馈，他们参与调查的积极性可能会受到影响。因此，管理者应该适当地向雇员传递调查所揭示的信息。

2. 人员（people）

如果将战略执行者当作内部顾客，企业的领导者就是向内部顾客提供战略产品的内部服务者，因此人员要素指的就是企业的领导者。在企业的战略执行过程中，很多因素都可能是企业无法控制的，例如经济状态的不稳定、竞争对手行为的难以预料等。在这种情况下，公司就更应当对自己能够控制的一个重要因素——人员配置，尤其是那些身居要职的人员配置进行严格的控制。因此，要保证战略计划的顺利执行，企业应当选择那些具有执行力的领导者。具有执行力的领导者主要具有以下几方面的特征：

（1）能够领导别人完成任务。

作为一名领导者，不可能事无巨细、事必躬亲。一是因为个人的精力、时间有限，二是因为领导者并非万能，对于某些具体的业务，可能不及一名普通的一线员工做得好。因此，领导者不能事必躬亲，不能妒贤嫉能，更不能放任自由，遵奉"无为而治"的信条，一个具有执行力的领导应当能够分清主次，指挥下属完成任务。

（2）能够有效鼓舞下属士气。

这是具有执行力的领导者所必备的另一项才能。领导者应当经常保持精力充沛、斗志昂扬的状态，应当用自己的乐观和自信去感染周围的每一个人，给他们以能力和力量，从而增强团队的活力。

（3）能够果断地进行决策。

决策的果断性在很大程度上体现了一个人做出困难决策，并据此采取相应行动的能力。一位具有执行力的领导者，总是能够在面临棘手问题时，果敢决断。包括对于不称职的职员，敢于及时处理；对于不合适的项目，敢于拒绝、停止；对于自己认定的计划，敢于坚决地执行下去。

（4）能够对战略计划进行及时的跟踪。

跟踪计划是计划执行的核心所在，所有善于执行的人都会带着宗教般的热情来跟踪自己所制订的计划。跟踪计划能够保证人们按照预定的时间表执行预定的任务，能够暴露出计划和实际行动之间的差距，并迫使人们采取相应的行动来协调整个战略的进展。情况发生变化以至于不能按照预定计划执行战略时，领导者对计划的及时跟踪可以确保执行人员及时得到新指令，并根据环境的变化采取相应的行动。如果企业的领导者没有精力进行彻底的计划跟踪（直到其最终渗透到整个组织的生命当中），领导者需谨慎地批准这个项目。

一个具有执行力的领导除了应当具备以上素质之外，还应当能够很好地选择自己的下属，因为战略计划的执行毕竟需要众多的下属共同完成。Bossidy 和 Charan（2002）认为，企业领导者不能做到量才适用，往往有以下几方面的原因：

（1）知识的缺乏：领导者并不了解某一工作岗位对人员素质的需求，以及并不了解所要聘用的某个下属所具备的能力和特长。

（2）勇气的缺乏：当大家都意识到某一个人并不能胜任他的工作岗位时，上司没有足够的勇气让他离开。

（3）心理安慰因素：很多领导只愿意提拔那些自己喜欢并与之共事的下属。尽管这是很自然的现象，每个人都希望自己的下属是一个忠诚而能够让自己信任的人，但一旦这种判断建立在错误的因素上面，它就变得非常危险了。例如，领导者喜欢某个人，其原因可能只是因为这个人比较顺从自己的意愿，或者这个人比较善于避免冲突，或者由于这个人和自己有相同背景。

一个具有执行力的领导者应当尽量避免以上几种情况的发生。

3. 过程（process）

产品要素通过制定新的战略明确了企业的发展方向，人员要素定义的是战略的领导者，而过程要素则为战略执行者开展具体的工作提供了明确的指导和说明。许多领导者往往只关心结果，而不关心战略的具体实施过程。但是在一家具有执行文化的企业中，领导者在制订战略计划的过程中就会考虑到运营流程中可能出现的问题，并制订出一份能够将战略和人员及结果联系在一起的运营计划。一份优秀的运营计划通常包括企业在一年之内应当完成的项目，例如生产计划、销售计划、营销计划、新产品开发计划等，这些项目将保证企业在收入、利润等方面达到预定的目标。

制订运营计划必须有准确的基础信息和切实可行的目标。基础信息包括客户的情况、竞争对手的情况、企业面临的经济形势、分销渠道的有关情况、供应商的情况等多个可能对企业产生影响的因素，制订一个良好的运营计划的前提就是要能够充分了解这些因素的现状及将来的发展方向。体现企业战略实施过程的运营计划必须将企业的长期目标分解为一些阶段性的任务，而为了完成这些阶段性的任务，领导者必须做出许多具体的决策，将其整合到整个组织的运营当中，并根据市场情况的变化及时进行调整。

领导者大多倾向于制定较高的目标，但是如果目标高得超出了企业力所能及的范围，将只能是领导者的一厢情愿。所以，在一个具有执行力的组织中，领导者应当允许执行者参与目标的制定。目标与执行者的回报紧密相连，会促使他们以积极的态度考虑目标水平，以保证目标在挑战性与可行性之间取得平衡。

体现企业战略实施过程的运营计划还应当在执行中定期地受到评估，评估标准可能包括近期销售额、边际收益、市场份额增长情况、开支水平、外部因素等多个方面。一般而言，企业至少应当每季度评估一次，以便使领导者能够及时地掌握战略的执行情况。定期评估运营计划，还会增强各部门之间的协调性，同时也是对员工进行培养和指导的绝好机会。

4. 地点（place）

地点要素是指执行战略时的组织环境，包括硬环境和软环境两个方面。前者是指执行战略所需要的有形设施，后者则是指组织中的文化环境和工作氛围。罗伯特曾说过："任何一家想成功的企业，都必须充分认识到企业文化的必要性和不可估量的巨大作用，在市场竞争中必须依靠文化来带动生产力，从而提高企业的竞争力，有文化的企业未必都成功，但是没有文化的企业注定不会成功。"韦尔奇也说过："文化因素，这才是维持生产力增长的最终动力，也是没有极限的动力来源。"因此，相对于购置战略执行所需要的有形设施而言，建立一个有利于战略执行的执行文化更为关键。

Bossidy 和 Charan（2002）认为，建立一个执行文化需要将企业文化与业绩结合起来，但这一工作并不复杂，根本没有必要事先研究任何复杂的理论或进行任何烦琐的员工调查，所需要的就是改变那些直接影响企业效益的员工的行为。Thomas 和 Byrne（2002）进一步指出，要建立一个执行文化，领导者首先应当清楚地告诉人们公司的目标是什么，然后与大家一起讨论实现这些目标所应当具备的条件。一段时间以后，领导者要奖励那些做出成绩的人，并对没有实现目标的人进行指导，或对其进行适当处理，比如取消奖励或调动，直至解雇。在这样做的同时，企业就建立起了一种执行文化。

5. 价格（price）

价格指的是雇员在新战略执行中所获得的净效用。执行一个新的战略会导致组织的变革，而处在变革中的雇员都可能会花费一定的成本（如学习新知识需要投入的精力、对接受新方法产生恐惧所导致的心理成本）或获得一定的利益（如报酬的增加、技能的增加、工作经历的丰富等）。利益与成本之间的差异就是雇员所获得的净效用。在不同的战略执行中，不同的雇员所获得的净效用可能为正，也可能为负，要促使雇员能够更好地执行战略，管理者需要做到的是要保证有效的执行者获得更大的净效用。

要实现这一目标，企业就应当真正做到将薪酬激励与执行业绩挂钩。这一点说易行难，有些领导会毫无原则地对员工进行奖励，只因为他们希望得到别人的爱戴。有些领导没有足够的情感强度来对员工做出客观、诚实的评价，甚至会主动为那些业绩不佳的员工创造新的工作岗位，结果整个组织陷入一片混乱，大家被领导者的奖励政策弄得晕头转向。在这种情况下，要使战略获得有效的执行就非常困难。

6. 促销（promotion）

在促进战略执行的内部营销组合中，促销要素主要是指如何在组织中建立一个良好的沟通机制。内部沟通对新战略的执行非常重要。首先，企业要通过沟通机制让雇员了解新战略的内涵、优点、组织在执行新战略时会出现的变革，以及雇员自身在新战略执行中的具体位置及作用；其次，良好的沟通机制应当是双向的，雇员应当能够通过一个便利的渠道反映他们的意见和建议。

　　与外部沟通一样，内部沟通的媒介有很多种，可能的选择有：面对面的交流、小组会议、公司全体会议、路演、内部广播、内部报纸或期刊、内部网络、公司聚会、通告栏等。在内部沟通中，还可以对内部的信息受众进行细分，并针对不同的细分市场采用不同的沟通方式。

　　Carl Jung 开发的心理学模型 MBTI（Myers Briggs Type Indicator）是对雇员进行细分的有效工具。MBTI 根据四个维度将人类分为 16 种类型（见表 5.1），这四个维度分别为：知觉（分为感性类型 S 和直觉类型 N）、判断（分为思考类型 T 和感情类型 F）、态度（分为外向类型 E 和内向类型 I）、对外部世界的倾向（分为判断类型 J 和知觉类型 P）。对 MBTI 进行研究的心理学家还针对不同类型的人群，提出了他们乐意采纳的沟通方式（Myers，1980）（见表 5.2）。

表 5.1　　　　　　　　　　　　**MBTI 中的 16 种类型**

		感性类型(S)		直觉类型(N)			
		思考(T)	感情(F)	感情(F)	思考(T)		
内向(I)	判断(J)	ISTJ	ISFJ	INFJ	INTJ	判断(J)	内向(I)
	知觉(P)	ISTP	ISFP	INFP	INTP	知觉(P)	
外向(E)	知觉(P)	ESTP	ESFP	ENFP	ENTP	知觉(P)	外向(E)
	判断(J)	ESTJ	ESFJ	ENFJ	ENTJ	判断(J)	

表 5.2

外向型	内向型
1. 把热情和精力表露出来	1. 把热情和精力隐藏起来
2. 快速反应	2. 在反应之前先进行思考
3. 谈论的焦点在人和事	3. 焦点在于内心的想法和见解
4. 需要使用较缓和的表达方式	4. 需要引导对方表达
5. 设法以群体为单位进行沟通	5. 一对一地进行沟通
6. 更愿意进行面对面的交流，而不愿意进行书面交流	6. 更愿意进行书面的交流，而不愿意进行面对面交流

感性类型	直觉类型
1. 希望先提供证据	1. 希望先提供总体方案
2. 希望讨论实际运用	2. 希望讨论未来出现的挑战
3. 依靠直接经验	3. 依靠洞察力和想象
4. 在演示时采用有顺序的方法	4. 在演示时采用迂回的方法
5. 在会议中依照议程行事	5. 在会议时忽略议程
6. 寻求特定的例子	6. 寻求总体的概念
思考类型	感情类型
	1. 希望交际，友好接触
1. 希望简短、精确	2. 希望知道各种选择方案可能造成的影响
2. 希望把优点和缺点列出	
3. 在演示时先提出目标和意向	3. 在演示时先提出协议
4. 当资料增多时，要考虑情绪因素	4. 在资料增多时，要考虑逻辑性和客观性
5. 在会议中寻求与任务相结合	5. 在会议中寻求与人结合
判断类型	知觉类型
1. 希望讨论进度和时间安排	1. 希望讨论进度，但对规定的最后期限感到不适
2. 不喜欢惊喜	2. 喜欢惊喜
3. 希望他人进行到底	3. 希望他人能对环境变化适应
4. 立场和决定阐述明确	4. 试探性地表达观点并可随时修正
5. 对结果和成就进行沟通	5. 对选择方案和各种机会进行沟通
6. 讨论意图和目标	6. 讨论自主性和灵活性
7. 焦点在于任务的完成	7. 焦点在于过程能被别人赏识

　　如同外部营销组合一样，在促进战略实施的内部营销组合中，六个要素之间并不是独立的，它们必须协同作用，才能收到良好的效果，特别是产品、人员、过程这三个要素必须紧密地结合，因为在企业的一个新战略中，领导者的配置与运营流程的设计显得最为重要。促进战略执行的内部营销组合不仅强调要素之间的协同作用以及在企业战略执行中使用内部市场调研、内部市场细分等营销方

法，更为重要的是，使用营销术语来讨论战略执行问题，意味着企业要充分了解和考虑战略执行者的需求，在促进战略执行中应当使用一种"劝导性"（劝导性是营销方法的特性）的方式，而不是其他强制性或操纵性的方法。

第六章　市场与销售职能的协同

　　与职能相关的内部营销中的另一个重要方面是探讨企业营销职能内部以及营销职能与其他管理职能之间的协同。企业的营销部门内部主要由市场和销售两大职能构成。从职能分工的角度来讲，市场职能一般负责销售支持、市场调研及市场细分、品牌建设和维护；而销售职能负责业务端的执行，包括执行市场战略、接触顾客以及渠道管理（Matthyssens & Johnston，2006）。理想状况下，销售人员应搜集有价值的顾客信息并将其传递给市场人员（Dewsnap & Jobber，2000），之后市场人员利用这些信息创造出顾客真正需要的产品，为顾客创造更多的附加价值。市场职能与销售职能间的协作质量直接影响市场信息的内部传播、营销活动的团队合作、顾客关系管理的成效。一个企业的绩效在很大程度上取决于这两个部门之间的合作效率（Cespedes，1992；Guenzi & Troilo，2007）。

　　然而，尽管市场部和销售部在很多层面上相互依赖，它们之间也充斥着各类矛盾和冲突（Beverland，Steel & Dapiran，2006）。例如，销售人员认为市场人员缺乏跟顾客的接触，并不真正了解顾客的需求。而市场人员认为销售人员过分注重个别顾客或顾客群体的产品体验，而忽视了更为宏观、宽阔的市场前景。简而言之，市场和销售都低估了对方对于组织绩效的贡献（Kotler，2006）。两部门的关系处境经常被管理层人员描述为缺乏凝聚力和协调观念、存在冲突、互相不信任与不满意、在项目失败后相互指责等（Anderson，1996；Carpenter，1992；Strahle，Spiro & Acito，1996）。

　　本章旨在探究两职能之间的矛盾根源，识别不同组织架构中影响市场职能和销售职能协同效果的影响因素，为企业提升营销绩效提供参考。

114

第一节　市场-销售职能关系研究回顾

市场部和销售部的协作质量会显著地影响组织的绩效表现。为了探究两类职能的协同问题，近 20 年来陆续有学者对这一主题开展研究，并有一些团队取得了一定的研究成果。当前文献主要从市场和销售职能产生冲突的影响因子以及两类职能的协作模式两个方面展开，下文对不同研究团队的相关观点进行介绍。

1. Homburg 团队的研究

Workman、Homburg 和 Gruner（1998）在以营销组织（marketing organization）为研究对象的文章中提出了五种市场部和销售部的组织结构，并探讨了不同的结构配置在任务关联性、公司规模、全球导向和市场导向上所存在的差异。此外，文章还研究了市场不确定性、技术不确定性、行业性质、社会特征等外部因素，以及战略导向（差异化或低成本）、市场导向、全球导向、顾客导向等内部因素对市场部权力的影响。Homburg、Workman 和 Krohmer（1999，2002）在研究市场部在公司中的影响力时发现，在各类业务活动的决策层面上，市场部和销售部是具备最大影响力的两个部门，其中市场部在广告策略、顾客满意度测量、新产品开发等方面具有更大的影响力，而在定价、服务设计和支持、分销战略上销售部具有更大的影响力。

Homburg 和 Jensen（2007）在研究市场人员和销售人员思维差异的文章中提出，差异化主要来自两个方面，一个是导向（orientation）的不同，另一个是能力（competence）的不同。导向由两个维度组成，分别是顾客导向和产品导向、短期导向和长期导向。能力由三个维度组成，分别是市场知识、产品知识以及交际能力。

Homburg、Jensen 和 Krohmer（2008）在之前研究的基础上，对市场和销售职能的协作模式进行了一次整合性的研究。在 Homburg 等建立的模型中，他们将市场和销售职能在合作时所涉及的要素整合为五个维度，分别是信息共享（information sharing）、结构化联动（structural linkage）、权力（power）、导向（orientation）

和知识（knowledge）。其中，结构化联动由正式化（formalization）、共同计划（joint planning）和团队合作（team work）三个因子组成。在以上五个维度的基础上，该研究使用聚类分析的方法聚类出五种市场部和销售部的协作模式，分别是"象牙塔"（ivory tower）、"品牌聚焦"（brand-focused professionals）、"销售主导"（sales rules）、"市场驱动"（marketing-driven）以及"销售驱动"（sales-driven）。实证结果表明，最成功的协作模式具有以下四个特征：具有高度的结构化联动、市场部人员具有高程度的市场知识、销售人员具有显著的长期导向、两部门拥有明确但不极端的权力分配；同时，最不成功的协作模式具有以下四个特征：低程度的信息共享、低程度的结构化联动、较弱的知识能力、极端的权力分配。

2. Dewsnap 和 Jobber 团队的研究

Dewsnap 和 Jobber（2000）以快速消费品企业为对象研究了市场职能和销售职能之间的互动关系，并探索了这种相互关系的性质、前因和结果。他们的研究以组织整合（organizational integrated）为重点，探究了影响市场-销售整合的影响因素，并把这些影响因素分为结构（structural）因素、高级管理人员（senior management）因素和操作类（operating characteristics）因素三种类型。其中，结构类因素包括正式化（formalization）、分权（decentralization）或参与度（participation）、物理接近（physical proximity）和组织方法（methods of organizing）。高级管理人员因素包括价值观的整合、机会的提供、人员背景和共同奖励。操作类因素包括提供与获取（give-and-take）、尽早参与（early involvement）和冲突再解决（conflict resolution）。

Dewsnap 和 Jobber（2002）在后续研究中，又基于现实群体冲突理论（RCT）和社会认知理论（SIT），从心理层面对市场部和销售部的相互关系进行了研究。基于 RCT 理论，他们提取出目标冲突（conflicting goals）这一影响因素；基于 SIT 理论，他们提取出的影响因素是群体间认知（in-group identification）的强度。这两个因素共同影响群体间的差异化（intergroup differentiation），并作为中介变量影响市场和销售之间的关系感知。

116

在 Dewsnap 和 Jobber（2009）对市场和销售的整合机制的研究中，提到了市场和销售有效合作的几个特征，分别为：

（1）共同实现目标。

（2）共享视角。

（3）相互理解。

（4）正式化地一起工作。

（5）共享想法、信息和资源。

（6）团队合作。

3. Rouzies 团队的研究

Rouzies、Anderson 和 Kohli（2005）等人在研究中提到，市场人员和销售人员在思维上具有明显的差异，主要体现在聚焦顾客和聚焦产品的差异、注重交际和偏好数据分析的差异，以及短期导向和长期导向的差异等方面。同时 Rouzies 意识到，整合并不等同于增加互动、沟通、参与等概念，过度的或低效的沟通和参与反而会导致协作质量的下降。

在 Rouzies 等的概念框架中，将影响市场-销售整合的机制分为四类，分别是：结构（structure）、流程/系统（process/system）、文化（culture）和人员（people）。其中，结构机制包括分权、跨部门团队和综合者（integrator）三个因素；流程/系统机制包括沟通、工作交叉、目标整合和激励系统（incentives or reward and recognition system）四个因素。值得说明的是，Rouzies 认为过度沟通无益于沟通的质量，沟通的频率和整合效果之间存在倒 U 形曲线关系。同时，他们认为正式沟通和非正式沟通同样重要，而沟通的方式取决于任务的性质。例如，战略讨论和日常信息交换最好通过正式沟通，而一些非结构化问题最好通过非正式沟通。

4. Kotler 团队的研究

Kotler、Rackham 和 Krishnaswamy（2006）在研究中发现，在欧美的很多公司中，市场部和销售部都处于一种争执的状态。销售部经常指责市场部并不真正地了解顾客，而且对产品的定价过高。而市场人员则指责销售人员过分专注于区域顾客或个别大客户的需求，而缺乏对整体市场的把握和理解。市场人员和销售人员之间缺乏良好的协调，这种现状制约了企业市场竞争力的提高，也在某种程度上造成了组织资源的浪费。

Kotler 等（2006）在研究中将市场职能和销售职能的协作模式划分为四种类型，分别是：不明确的（undefined）、明确的（defined）、结盟的（aligned）和整合的（integrated）。他们的研究还描述了每种协作模式的特征、从一种类型转变到另一种类型的边界条件，以及转变的方式等。根据 Kotler 等（2006）的研究，在一些小公司中，组织内没有正式的市场团队，就算任命了一两个市场人员，他们也会被等同为销售人员并只负责销售支持，在这种模式下市场决策由管理层或者销售人员执行。之后，在一些运营更为成功的小公司中，组织开始建立正式的小型市场团队，市场团队附属于销售部，主要角色依然是销售支持。除此之外，市场团队也会负责一些基本的市场调研、4P 分析以及广告和促销合作，销售人员会参考市场人员的意见，但一般不会严格执行。随着公司规模的进一步扩大，以及企业取得更大的成功，组织开始招募更为专业的市场人员。他们具备市场细分、定位和定价方面的专业思维及相关技能，此时在组织层面上市场职能和销售职能保持相互独立，两部门都旨在提高组织绩效。随着公司进一步发展，企业的招募或培训工作使得市场人员具备更高水准的专业知识，如数据分析、高级市场细分和品牌塑造能力，此时销售职能和市场职能基于数据的信息共享和沟通协作变得更为深入。值得说明的是，Kotler 等对协作模式的划分依据比较凌乱，交叉着很多结构指标（如两部门是否共享系统和绩效标准）和行为指标（如是否采用会议的形式解决争议），在模式定义时没有统一的维度标准，导致整个模式体系不够规范。

Kotler 等（2006）在研究中还提到，市场部和销售部的互动行为并不总是必要的，它受到公司规模和团队运作习惯的影响，如部门之间习惯了积极的非正式沟通，在机制上加强沟通其实是没必要的。沟通频率的高低应当取决于市场和销售职能的合作关系类型，在有的关系类型下，频繁的沟通对于组织效率的提高是必要的，而在另一些关系类型下，沟通并不利于组织效率的提高，甚至有时会对组织效率形成抑制作用。该研究还发现，市场部和销售部的冲突主要集中在经济和文化两个层面。经济层面表现为价格、促销、产品等方面的争议，而文化层面主要由两部门人员不同的职业能力特征所导致。同时其还提到，一旦企业的经济利润受挫，市场预算会比销售预算更容易被削减。此外，文化因素对部门冲突的影响从长远来看要更为深入，很多销售人员认为市场人员的工作太过感性，包括广告投放在内的工作内容很少为企业带来真正的价值，同时他们也质疑市场人员较为宽松自由的工作方式，包括部分市场人员对于数据分析的痴迷。

同时，Kotler 等（2006）对协作模式的转变方式也提出了建议，主要集中在从明确模式到结盟模式的转变，以及从结盟模式到整合模式的转变。对于前者他们的建议是：

（1）鼓励有纪律的沟通（disciplined communication）。

（2）创造工作交叉。

（3）从市场部中任命一个联络员同销售人员一起工作。

（4）合理布局市场部和销售部的地理位置。

（5）提高销售人员的反馈力度。

对于后者，他的建议是：

（1）任命一个共同的领导

（2）在职能上定义市场和销售相互交叉合作的部分。

（3）将市场人员分流为向上（战略的）和向下（策略的）两个团体。

（4）制定捆绑的目标和奖励系统。

（5）整合销售指标和市场指标（metrics）。

5. Le Meunier-FitzHugh 和 Piercy 团队的研究

Le Meunier-FitzHugh 和 Piercy（2007，2009）在对市场部和销售部协作前因的研究中提出，有三类因素主要影响两部门间的协作质量，分别是：整合机制（integrators）、促进机制（facilitators）、管理层的协调态度（management attitudes to coordination）。

整合机制对合作的影响比较缓慢，同时又比较直接。它主要包含沟通、组织学习、市场情报、利益冲突和营销计划这五个要素。

促进机制主要指一些能迅速促进互动和协作的物理机制，它主要包含奖励、跨部门培训（cross-functional training）、整合机制（如工作交叉、项目组等）三项要素。管理层的协调态度被认为是提高两部门间合作质量最为关键的因素，包括制定联合目标、促进相互理解、共享资源和共同愿景（common vision）三项要素。

Le Meunier-FitzHugh、Massy 和 Piercy（2011）在市场部和销售部合作及冲突的研究中，将联合奖励（aligned rewards）和高层管理人员的态度（senior manager attitudes）抽离出来进行专门研究。研究发现联合奖励能有效增强合作却不能显著减少冲突，同时高层管理人员的态度对于两部门的合作则是至关重要的影响因素。

6. Malshe 团队的研究

Biemans 和 Malshe（2008）以美国、荷兰、斯洛文尼亚的 100 多个 B2B 公司为样本，分析了不同公司中市场职能和销售职能之间合作模式的差异。这些差异主要体现在部门结构（structure）、沟通模式（communication patterns）、信息共享（information sharing）、协作（collaboration）和战略输出（strategic outcomes）五个方面。基于这五个方面，他们将两部门间的协作模式分为四种类型，分别是：市场隐藏型（hidden marketing）、销售驱动型（sales-driven marketing）、独立协作型（living apart together）、市场销售整合型（marketing-sales integration）。

根据 Biemans（2008）的研究，在市场隐藏型的协作模式下，两部门间没有清晰的职能分离，也没有正式的"市场部"，一些基本的市场职能由具备一定市场思维的销售人员执行，市场职能主要表现为日常的销售支持和响应短期顾客需求。在销售驱动型模式下，市场部成为一个独立的部门，但在权力上附属于销售部，市场部的主要职责依然是担任销售支持，其次也会进行一些顾客调研，并制订相应的市场战略供销售人员参考，销售人员在战略执行上具有灵活性，同时注重接触顾客。在独立运作型的模式下，两部门的权力比较均衡，市场部负责整合局部销售信息并制订组织计划，销售人员负责执行市场战略，同时提供顾客反馈。在营销一体化的模式下，市场部和销售部虽然在形式上独立，但是业务联系紧密、专业互补性很强，两部门共同负责计划制订和战略执行，权责分离变得不明显，市场部负责各种联合型战略的整合、测试及反馈，销售部积极参与和配合。

Malshe 团队（2008）在研究中提出，没有一种协作模式一定优于另一种，每种类型都存在既定的优点和缺点。"市场隐藏型"的优势是拥有更高的沟通效率以及能快速对个体顾客需求进行反馈，劣势是缺乏长期战略规划以及对市场职能的利用效率很低；"销售驱动型"开始呈现出一定的协同效应，但销售对市场的接纳和理解都很有限；"独立协作型"拥有更加完善的战略规划体系，顾客导向也开始得到重视，但缺点是两部门之间往往充斥着各种显性和隐性冲突；"市场销售整合型"看似是一种最优的组合形态，长期和短期绩效得到兼顾，部门之间的协同性也得到最大发挥，但是它存在一个隐患，那就是群体思维，群体思维可能导致建设性冲突被忽视，从而阻碍企业创新以及发现真正的市场风险。

Malshe 和 Sohi（2009）从战略制定（strategy making）的视角讨论了市场和销售职能在协同工作时的具体工作内容，及这种工作内容如何使战略制定顺利地进行。研究中他们将战略的制定划分为三个阶段——基础阶段（groundwork）、传递阶段（transfer）和后续阶段（follow-up），并分别研究了每个阶段市场和销售的协作事项。基础阶段包括反馈（feedback）、共同建构（collective sense-making）和战略确定（strategy finalization）三个步骤；传递阶段包括战略描述（strategy delineation）、制订行动计划（action plan）和最终完善（closure）三项工作；后续阶段则包括检查（check-in）、双向沟通（bidirectional communication）以及战略微调（strategy fine-tuning）三项内容。

Malshe、Hughes 和 Bon（2012）以组织协同（organizational synergy）为对象，研究了市场和销售在合作时的主要因素。研究中他们识别了市场和销售职能合作时涉及的八个重要因素，分别是：愿景（vision）、一致性（alignment）、流程（processes）、信息（information）、知识（knowledge）、决策（decision）、资源（resources）以及文化（culture）。

7. Dawes 和 Massey 团队的研究

Dawes 和 Massey（2005）主要研究市场经理和销部经理的个人冲突，并经由他们间的冲突反映到部门冲突上。在此项研究中，冲突的程度主要受到三方面因素的影响，一是结构类因素，包括联动机制（linkage devices）的运用、合并部门和物理距离；二是个人层面因素，包括销售经理的营销培训、市场经理的销售经验和他们间的心理距离；三是沟通行为因素，包括沟通的频率和沟通的双向性（bidirectionality）。

Dawes 和 Massey（2006）在市场经理和销售经理关系质量的研究中提出两个影响因子，一个是信任，另一个是权力。该研究采集了来自英国和澳大利亚的 113 个样本数据，研究结果发现，就平均水平而言，信任对两部门经理关系质量的影响是非常显著的，而且显著程度会随着市场部组织影响力的提升而得到进一步的凸显。

Massey 和 Dawes（2007）探索了市场经理和销售经理功能性冲突和非功能性冲突的前因和结果。他们选定沟通为自变量，主要研究结论是沟通频率会降低沟通质量，而沟通的双向性能促进沟通质量。

8. Troilo 和 Guenzi 团队的研究

Troilo 和 Guenzi（2006）基于手段-目的理论（means-end theory），以顾客价值为导向，研究了市场和销售职能在合作时的协同要素。按照手段-目的理论的相关内容，此项研究将市场和销售的协同要素分为三大类，分别是属性类（attributes）、利益类（consequences）和价值类（values）。其中属性类包含共同预算、物理位置、共同计划、共同调研、培训、ICT（信息、通信和技术）、工作交叉、计划会议、非计划会议、个人特征、奖励系统、企业战略和文化、团体以及共同顾客呼叫（joint customer calls）等因素。利益类包含一致性（consistency）、协作程度、共同决策、共享目标和资源、沟通、更好的市场知识、理解同伴、更宽的视野、更多的责任感、动力（motivation）、共同的战略和计划以及信任等因素。价值类包含实现成功、提高创造力、组织灵活度、创新、危机处理、雇员满意以及顾客满意等因素。

通过以上文献综述可以看出，现有文献一方面研究了影响市场和销售职能协作质量的因素，另一方面研究了市场和销售职能的协作模式。但很少有研究将两者结合起来，分析在不同协作模式下，哪些因素在影响协作质量时发挥主要的作用。从权变理论可知，每个组织的内在要素和外在环境条件都各不相同，因而在管理活动中不存在适用于任何情景的原则和方法。所以，对于协作质量而言，找出影响因素固然重要，但实现因素和模式之间的匹配却更有价值。本书旨在就此问题做些突破，分析不同因素在不同协作模式下的作用差异。

第二节 影响因子与协作模式的匹配

本节旨在将影响市场与销售职能协作质量的影响因子与两类职能的协作模式进行匹配，试图探讨在不同的协作模式下，哪些影响因子更为重要。本节首先基于 Kotler（2006）和 Biemans（2008）的研究，选择了常见的四类协作模式；随后对现有研究中的影响因子进行了梳理和归并，并在此基础上提出了一系列研究假设。

一、市场与销售职能的协作模式

就市场职能和销售职能的协作模式而言，Kotler（2006）和 Biemans（2008）的研究存在一个理论交叉点，就是对于职能专业化的关注。职能同其他描述性因素比起来，一方面更加容易识别，另一方面，它体现了市场专业资源和销售专业资源在组织层面上的匹配结构。因此，本研究在划分两类职能的协作模式时，并不追求对模式内容的完备性描述，而更重视可操作性。因为太过完备的描述反而会降低模式的可识别性，识别维度过多也意味着需要满足的要求更多，同时会造成不同模式之间的边界变得比较模糊，甚至出现交叉。

结合 Kotler（2006）和 Biemans（2008）对协作模式的演绎和描述，本书最后选定"专业性资源的匹配结构"作为模式划分的唯一维度，将市场-销售的协作模式也归纳为四种类型（见表6.1）。"专业性资源的匹配结构"由两个重要部分构成，一个是"专业性资源"，在某种程度上它是"静态的"，它代表的是市场部或者销售部各自独立的专业化程度，如在专业领域的知识、经验以及能力等；另一个部分是"匹配度"，是"动态的"，它代表的是市场部的专业性资源和销售部的专业性资源在组织运作的过程中最为典型的相互嵌入结构。需要说明的是，尽管在协作模式的划分中，本书主要仍然沿用以上两位学者的相关观点，但由于本研究旨在探究市场与销售两类职能的冲突或协作效果问题，而未区分的（undefined）和市场隐藏型（hidden marketing）的协作模式中的市场职能只是附庸，因此，这两类协作模式在本研究中并未被考虑。

表6.1

	分工独立	销售驱动	垂直对接	横向并联
部门形态和匹配结构	市场部和销售部拥有各自的资源体系和业务体系，偶有合作但基本独立	市场部作为独立部门而存在，一方面担当销售支持，另一方面也拥有独立的市场体系	两部门相互独立，市场职能和销售职能在垂直方向上呈现出对接关系	两部门相互独立，市场职能和销售职能在水平方向上呈现出对接及彼此涉入关系
市场专业性资源	品牌维护和推广、市场公关、广告洽谈、消费者和市场调研	主要角色是担当销售支持，进行常规的市场调研，制定市场战略供销售人员参考，推动广告及公关项目	识别市场机会，整合细分市场信息，制订营销计划和战略方案，并根据销售部提供的市场反馈对方案进行优化和调整	分析市场数据，制订营销计划和战略方案，参与战略方案的实施及反馈意见的搜集，对方案进行优化和调整

	分工独立	销售驱动	垂直对接	横向并联
销售专业性资源	渠道管理、制定销售战略及局部销售策略	接纳市场意见，但在执行时保持灵活性。执行传统销售任务，管理渠道，接触顾客，开拓市场	执行营销计划及战略方案，搜集顾客数据及渠道数据并反馈给市场部	参与数据分析及营销战略方案的讨论和制订，执行战略方案并搜集市场反馈意见，参与方案的优化和调整

二、影响协作质量的因子类别

不同研究团队在归纳冲突因子时存在因素提取的差异，这种差异源自研究角度、范围及研究对象的不同。本研究认为应当在文献梳理的基础上对同质化的概念进行聚合，如权力（power）和分权（decentralization）指的都是营销活动决策权的离散性，可统一用分权来表示；市场情报（market intelligence）、组织学习（organizational learning）都可以归入信息共享（information sharing）的范畴；共同计划（joint planning）、联合行为（structural linkages）本质上都是团队合作（teamwork）的一种形式。在聚合工作完成后，本书又对概念间的差异性进行了性质区分，将所有的市场-销售冲突研究中所涉及的影响因子分为四个层面，分别是组织层面、员工层面、思维层面以及行为层面。

1. 组织层面

本研究将组织的正式化程度、分权程度和利益冲突三个概念归并入组织层面的维度。

（1）正式化。

Homburg、Jensen 和 Krohmer（2008）与 Dewsnap 和 Jobber（2000）的研究均提出组织的正式化（formalization）程度是影响市场和销售职能合作质量的因素，该因素是指一个组织是否制定了明确的规章制度来规范组织系统内各部门的角色分工、权责分配、绩效标准以及协作模式等内容（Gupta，1986）。在 Homburg 等（2008）的研究中，他们将正式化定义为市场部和销售部的协作活动由正式的规章制度或流程所确定。由此可见，正式化的本质是一种制度性建设，而制度建设的目标是组织行为的规范化。在两部门的协作关系中，正式化是最被频繁研究的维度之一。相关学者发现，更高程度的正式化能优化部门的协作效果（Gupta & Wilemon，1988；Ruekert & Walker，1987）。然而，来自日本企业的一项实证研究证明，两者之间并不总是存在正向关系（Song & Parry，1993）。高度的正式化程度被发现有可能会降低部门间信息流通的效率，过多的书面流程和规章制度可能会产生一些不必要的交互活动（Dewsnap & Jobber，2000）。但是整体而言，正式化有助于在组织层面规范市场部和销售部两部门的角色分工，并有利于沟通和协作的常态化（Moenaert，1994）。

（2）分权。

分权（decentralization）指的是在组织层面上，相关活动的决策权被分配到不同的部门手中（Dewsnap & Jobber，2000）。就本书而言，分权指的就是市场相关活动的决策权被分配到市场部和销售部两个部门手上。已有研究表明，分权能正向影响跨部门协作的效果，比如能促进两部门间的信息交换和流通，并加深相互理解（Gupta，1987；Moenaert，1994）。但是也有来自日本企业的案例研究表明，它们之间并不总是存在积极的相互关系（Song & Parry，1993）。分权不代表盲目或者过度地分权，需要根据企业实际的运营情况来决定和分配，如一些成熟公司普遍会采用更多的分权，以提高子部门的决策和执行效率，而一些新兴的高科技公司更适合采用集权的方式，以避免分权带来的决策风险（Dewsnap & Jobber，2000）。整体而言，分权有助于推动市场部和销售部按照它们自己的"标准"去迅速地解决问题。

（3）利益冲突。

此处的利益既包含经济利益，也包含非经济利益，如声誉、地位。利益冲突对协作关系的影响有两条路径。一条是自我利益的实现。James（1995）指出他人目标的实现以自己利益为代价时，易产生利益冲突。通常，部门有追求局部最优的动机（Louis，1967），例如高效率地完成项目指标、得到重视、为私利不考虑全局甚至损害其他部门的利益等。这种利益的实现通常是零和结果（Naill，2007；Make，2008）。而且，不良的利益竞争会影响信息在组织内自由流动。另一条是利益的分配。组织对利益的分配体现在很多方面，如绩效奖金的分配、部门权力的调整等，分配不公平极易埋下内部冲突的种子（Aram & Salipante，1981）。利益实现和分配跟其他四个因素比起来更加"现实化"，随着组织的发展，不同群体对利益的敏感度会变得越来越强，利益冲突也会逐渐成为支撑其他要素发挥作用的一个支点。

2. 员工层面

员工层面的研究主要集中在专业性（expertise）这个关键概念上（Homburg & Jensen，2007；Malshe & Hughes，2012）。专业性指的是市场人员和销售人员在各自领域的知识背景和操作经验（Homburg，2008）。市场人员和销售人员具备不同的专业知识，如市场人员具备更强的数据导向和分析思维，而销售人员会花更多的时间去接触顾客和管理渠道。专业知识的不同导致他们在看待同一问题时的角度不同，由此产生的冲突可能会影响协作质量（Kotler，2006）。

部门人员的视野、处理任务的能力以及个人的工作风格在很大程度上也会受到专业性知识的影响（Homburg & Jensen，2007）。Homburg（2007）将知识分为市场知识和产品知识，市场知识主要是指对竞争者和顾客的了解程度，而产品知识主要是指对产品和内部流程的了解程度。他在研究中发现，市场人员具有高程度的市场知识是产生良好协作绩效的必要条件。实际上，专业性对于协作关系的影响可能会比已有的研究结论要大得多。它不仅能影响沟通的效率、信息共享的质量，更为重要的是，在关系情境的研究中，无论采取哪种情境，协作质量的实现都依赖于两部门人员是否已经具备了相匹配的专业知识。而这一点，恰恰被很多学者所忽略。

3. 思维层面

思维层面的因素主要涉及两个方面：价值观和文化（values and culture）（Cespedes, 1994; Le Meunier-FitzHugh & Massy, 2011）、导向和目标（orientations and goals）（Rouzies, 2005; Homburg, Jensen & Krohmer, 2008）。

（1）价值观和文化。

不同的价值观和部门文化经常是导致部门冲突的直接原因，其原因与群体认同有关。社会认同理论强调，一个群体同时有内群体偏好与外群体偏见。也就是说，不同部门会有心理距离，区分"他们"与"我们"。

Dougherty 在 Lawrence 和 Lorsch（1969）提出部门导向（departmental orientations）的基础上，于 1992 年第一次提出不同部门均存在具有代表性的独特思想世界（thought worlds）。后续也有学者（Niall, 2007; Philip, 2006）对此开展深入讨论。他们的研究发现，如果开始就将对方当作"异己"看待，形成刻板印象，不同部门间就会有一道"玻璃墙"（Cherly, 2011），那么部门间的沟通与合作必然困难重重。市场部和销售部会拥有不同的部门文化，部门人员的专业知识背景也存在差异，这些差异会形成不同的思维及工作方式，从而在意识上成为两个不同的群体（Rouzies, 2005）。

（2）导向和目标。

导向的测度分为两个维度，一个是时间维度，分为长期导向和短期导向，另一个是目标维度，分为顾客导向和产品导向。对部门导向的研究开始较早，在 Lawrence 和 Lorsch（1969）的古典研究中就描绘了部门导向的多个方面，而目标导向和时间导向被后续的研究提及得最为频繁（Dougherty, 1992）。有一个经验性观点就是，市场人员一般具有更强的产品导向和长期导向，而销售人员具有更强的顾客导向和短期导向。

但这并不完全符合当今企业的实际，我们会发现很多极度关注顾客需求的市场人员，也会发现具有长期导向的销售人员。Homburg（2008）在实证研究中发现，表现更好的企业中，市场人员普遍具有更强的顾客导向，而销售人员普遍具有更强的产品导向。另一个发现是市场人员和销售人员导向的不同有利于实现更好的协作质量和市场绩效，因为导向的差异化避免了两部门人员思维的趋同，适当的对立思维能促使产生更多的市场应对方案，增强市场敏感度。

4. 行为层面

行为层面的要素主要包含沟通、信息共享和团队合作三个方面。

（1）沟通。

沟通是两部门协作关系中最常被提及的概念。市场部和销售部的沟通可分为正式沟通和非正式沟通。正式沟通主要是一些定期的部门会议和工作汇报，非正式沟通是一种非计划范畴内的沟通活动，实际上很多非正式沟通也无法得到核实和验证（Rouzies，2005）。这两种不同类型的沟通方式在两部门的协作中发挥着各自不同的功用。除了形式之外，Massey（2007）认为还应注意沟通的频率。

沟通有助于两部门人员充分了解对方的优势和劣势，并促进信息共享和协作机制的建立（Le Meunier-FitzHugh & Piercy，2007）。有效的沟通有利于功能性冲突的形成并削弱非功能性冲突（Massy & Dawes，2007）。Rouzies（2005）认为过度和低效的沟通会对协作质量产生不良的影响，在某种程度上甚至会加剧冲突。而且，过多的沟通会带来更高的成本并降低决策效率（Kotler，2006）。为了解决这个问题，Kotler（2006）提出要提高沟通前准备的质量，对内容进行分类，针对不同的内容选择不同的沟通形式。Rouzies（2005）提出了类似的观点，他认为战略规划和日常性信息交换最好通过正式沟通解决，而非结构性问题最好通过非正式沟通解决。

（2）信息共享。

信息共享（information sharing）指的是情报和知识在跨部门中实现传播和分享。就市场部和销售部而言，信息共享指的是两部门人员向对方提供有价值信息的行为（Homburg，2008）。在已有研究中，信息共享被证明在制定市场导向（Kohli & Jaworski，1990）、组织学习（Slater & Narver，1995）和知识管理（Gupta，2000）等方面都扮演着关键性的角色（Marinova，2004）。

信息共享有利于市场部和销售部人员对现状进行共同理解，使两部门在执行市场战略时保持步调一致。在市场部和销售部的协作中，高度的信息共享有助于市场人员将销售人员所提供的微观层面（如特定销售区域）信息同宏观的市场及销售战略相结合，从而改变局部销售人员的运营观念，更好地执行战略规划（Bieman, 2008）。信息共享也有助于两部门人员更好地理解对方的组织角色，以提高各自在对方眼中的可信度。

（3）团队合作。

团队合作指的是某一市场相关活动由两部门人员共同开发和执行（Cespedes, 1996），它包括一些具体的形式，如联合行为（structural linkage）、共同计划（joint planning）等。联合行为指的是市场部和销售部在一个正式化的平台和渠道机制内，为实现某一共同目标，共同开展的协作活动（Workman, Homburg & Gruner, 1998）。联合行为兼具正式化和灵活性两种属性，一方面正式化为联合行为提供了基本的制度环境，另一方面这种制度环境只有在特定的联合项目下才会被激活，从而体现了制度应用环境的灵活性，这两种属性共同服务于联合行为本身。

另一种经常被讨论的形式是共同计划，它指的是两部门人员共同制定目标、预算及活动的行为（Piercy, 1989；Strahle, Spiro & Acito, 1996）。在 Homburg（2008）关于市场部和销售部协作关系的研究中，两种最成功的协作关系类型所拥有的共同特征就是存在高程度的团队合作，它的本质特征是在一个特定的组织机制框架内，两部门共同参与、共同负责。

三、识别不同协作模式下因子的重要性

1. 分工独立模式中的主要因子

市场职能和销售职能在分工独立的协作模式中，在组织架构层面上的关联并不是那么紧密。此时，市场和销售拥有各自相对独立的资源体系和业务体系，部门之间的业务交叉不多，具体表现为市场团队主要负责品牌端的相关业务，也包括一些市场公关、广告洽谈、消费者和市场调研项目等，但是这些项目从根本上而言都是为

品牌管理服务。销售团队主要负责渠道管理、制定销售战略及局部销售策略等内容。销售业务虽然在很大程度上并不受到市场业务的引导和控制，但在某些宏观战略规划层面依然会受到诸如品牌战略的影响。分工独立协作模式中的部门分工非常清晰，绩效评估也相对独立，跨部门沟通和信息共享并不是特别频繁，也不是那么必要。这种协作情境一般在一些品牌地位较高的公司中比较常见，某些初创型企业为了节约资源偶尔也会采用这种模式。

在这种组织结构环境下，组织层面的因素往往设置得较为得当。市场部和销售部无论是在权力领域还是在利益领域都相对独立，没有太多的交叉，自然也不会存在太多的冲突。由于业务交叉不多，彼此对对方的专业性也不会太过关注。根据 Homburg、Jensen 和 Krohmer（2008）的观点，市场和销售的能力争议源自相互存在绩效实现上的彼此制约和影响，一旦这种制约力消失，那么争议也会因此大大削弱。由于独立空间较大，两部门也不存在频繁的沟通、信息共享和团队协作。在分工独立的协作模式下，两部门之间的业务交叉集中在某些特定的领域，这些领域更多地体现为宏观层面的战略领域，诸如品牌战略、兼并战略等。

Cespedes（1994）在研究中强调了思维观念差异给部门冲突带来的影响，他认为市场部和销售部的很多冲突是"隐性的"，这种隐性源自双方具有不可调和的意识差异，具体表现在价值观、目标、导向等层面。Le Meunier-FitzHugh 和 Massy（2011）提出了类似的观点，他们认为文化冲突比经济冲突带来的影响更加深层化，一般而言经济冲突对短期行为的影响较大，而文化冲突会长期影响双方的业务导向。在分工独立的情景下，两部门的矛盾更多地源自导向的不同。因此，本书提出以下命题：

P1：在分工独立的协作模式下，以导向和目标为代表的思维层面的因素会对市场职能和销售职能的协作质量形成更为显著的影响。

2. 销售驱动模式中的主要因子

在销售驱动模式下，市场职能在组织形态上是一个独立部门，但在资源层面对销售存在较大依赖，销售在权力和组织资源占有中占据主导地位。此时组织的正式化程度一般处于中等层级，部门之间的正式化交互活动拥有了必要的制度环境。在该模式下，市场部作为一个独立的部门，拥有较为明确的市场职能定义，职能内容和销售职能分离较为清晰，但职能目标及其在组织中担当的主要角色依然是销售支持，市场部的日常工作包括进行常规的市场调研，制定市场战略供销售人员参考，以及推动广告及公关项目等。销售部一般会接纳市场部的意见，但在执行时会保持一定的灵活性，并不会严格按照市场部的建议去执行特定的销售任务。

销售驱动模式在很多制造型企业中比较常见，相对于市场职能，组织往往更加依赖于销售渠道的管理和扩张。在此类协作模式中，市场部从事的职能工作落脚于为销售活动及销售决策提供支持，包括提供基本的市场观点，进行市场及顾客调研，制定相应的市场战略供销售人员参考等。此时两部门间冲突并不常见，就算偶尔有一些摩擦，市场部也会很快地进行妥协和让步，利益实现和分配也不会引起大的争议。

在销售驱动的情境下，作为销售支持，市场部会在很多业务环节上和销售部存在互动，但是由于权力和组织资源的不平衡性，销售部在组织运作的"显性环节"上占据完全的主导，市场部往往会处在一种会更加主动地去寻求协作的状态。组织冲突在"显性环节"上不会太过凸显，由于贡献差异的存在，组织合理性不会受到大的质疑，而沟通、信息共享及团队协作等环节也不会出现大的矛盾。

然而，此类协作模式中仍然可能存在冲突。Kotler（2006）在研究中提出，一个和谐的企业中往往会潜伏着很多问题，这些问题往往以价值观、文化及认知态度等形式而存在。Homburg 和 Jensen（2007）在研究市场人员和销售人员的冲突时提出两个重要维度，一个是导向维度，另一个是能力维度。"隐性"的部门冲突一部分由职能性质所决定，另一部分往往源自对个人能力的评估及认定。比如有的销售人员认为市场导向的思维很重要，但是他不认为本公司的市场人员具备足够专业的市场思维和市场技能。

由此，本书提出以下命题：

P2a：在销售驱动的协作模式下，以专业性认定为代表的员工层面的因素会对市场职能和销售职能的协作质量形成更为显著的影响。

P2b：在销售驱动的协作模式下，以导向和目标为代表的思维层面的因素会对市场职能和销售职能的协作质量形成更为显著的影响。

3. 垂直对接模式中的主要因子

在垂直对接模式下，市场职能与销售职能的权力配置比较均衡，对组织资源的占有在某种程度上具有一定的竞争性，尤其表现在预算和绩效分配层面上。与此同时，市场和销售双方的专业性特征较之前讨论的两种情境得到进一步凸显，一般而言，市场部具备更强的长期导向和数据分析思维，而销售部普遍持有更强的短期导向和关系思维。两部门虽然相互独立，但市场和销售职能在垂直方向上呈现出对接关系。也就是说，市场部和销售部的产出可能互为对方的投入。市场部的主要工作内容有识别市场机会，整合细分市场信息，制订营销计划和战略方案，并根据销售部提供的市场反馈对方案进行优化和调整。而销售部主要负责执行营销计划及战略方案，搜集顾客数据及渠道数据并反馈给市场部。

垂直对接模式是当前大中型企业中最为常见的市场与销售职能的协作架构，专业性资源的匹配结构比较合理和规范。在该模式下，市场导向实际上是一种共识，也就是说，市场部和销售部都认可市场的重要性，包括市场所持有的长期导向思维、数据分析思维以及宏观战略思维。假如这种共识没有达成，那么此类模式的存在就不具备合理性。所以以导向和目标为核心的思维层面的因素在此时并不会成为影响部门冲突的关键因素。

权力的均衡和针对组织资源的竞争会导致更多的部门博弈。Le Meunier-FitzHugh 和 Piercy（2007）在研究中以均衡的部门权力为基础，探讨了两部门间的冲突行为，研究发现，市场和销售的争端集中在很多不同的层面，既包括预算争端、权力争端，也包括行为争端。Rouzies、Anderson 和 Kohli（2005）在研究中提到，市场部和销售部经常会出现"争夺顾客"的行为，销售部在信息共享环节上往往不会完全透明地提供市场部想要的信息，从而导致市场部的决策基础存在缺陷，市场部随后制定出的市场战略应用性也不高。另外，很多销售人员虽然认可市场部的重要性，但质疑市场人员的专业能力，最为常见的一个现象就是，销售人员认为市场人员并不真正地了解市场，所制订的营销方案也缺乏实用性，而市场人员则指责销售人员未能提供真正有价值的市场信息和销售数据，部门间的沟通会议也经常充斥着各种矛盾。由此，本书提出以下命题：

P3a：在垂直对接的协作模式下，以专业性认定为代表的员工层面的因素会对市场职能和销售职能的协作质量形成更为显著的影响。

P3b：在垂直对接的协作模式下，以沟通和信息分享为代表的行为层面的因素会对市场职能和销售职能的协作质量形成更为显著的影响。

4. 横向并联协作模式中的主要因子

在横向并联协作模式中，市场职能和销售职能相互独立，但两者在水平方向上呈现出对接及彼此涉入关系，两部门人员的专业性互补非常明显。在日常工作中，市场人员和销售人员共同计划和执行相关项目，并一起承担项目失败的风险和责任。市场人员的专业性内容主要有分析市场数据，制订营销计划和战略方案，参与战略方案的实施及反馈意见的搜集，对方案进行优化和调整。销售人员则会参与数据分析及营销战略方案的讨论和制定，执行战略方案并搜集市场反馈意见，参与方案的优化和调整。实际上，在横向并联的情境下，市场部和销售部更像是一个"团队"或者一个"事业部"，但是需要说明的是，两者在专业性上呈现出高度的分离，此时市场团队和销售团队普遍都非常专业，这种专业性的集成使得两部门在密集的协作环境下依然能够保持部门的独立。

Kotler（2006）提出的整合型（Integrated）的协作模式和横向并联具有一定的相似性，根据他的研究，在整合的状态下，市场部和销售部共同完成相关项目，在权责问题上两者以团队的共同利益为基础，互相尊重，彼此沟通，组织资源在该状态下实现即时共享。此时，市场人员和销售人员拥有相对和谐的工作氛围，彼此对对方的价值观和导向都能以兼容的态度去应对，也能够看到不同的导向和工作方式对组织绩效带来的帮助。与此同时，由于部门接触频繁，彼此对对方的专业性都有所了解，不存在由于信息不对称而导致的认知误区，彼此都较为认定对方的专业能力。

根据 Biemans（2010）针对"市场销售整合型"的研究，类似横向并联这样的模式可能存在的问题是市场和销售之间由于资源交换和项目合作过于频繁而导致的权责模糊。虽然在该模式下，两部门共同执行相关项目并承担项目责任，但是在实际操作中依然会存在一方主导而另一方辅助的状态，此时权力平衡就成为一个非常关键的问题。此外，项目完成后的绩效分配也是容易产生争议的一个环节。Homburg、Jensen 和 Krohmer（2008）也针对类似的协作模式进行了分析，他们认为在该环境下，组织需要一个"协调大师"，因为两部门的协作行为实在太过频繁，一般性的协调已经不能满足组织效率的需要。由此，本书提出以下命题：

P4a：在横向并联的协作模式下，以分权和利益冲突为代表的组织层面因素会对市场职能和销售职能的协作质量产生更多影响。

P4b：在横向并联的协作模式下，以沟通、信息分享为代表的行为层面因素对市场职能和销售职能的协作质量产生更多影响。

第七章 营销与人力资源
管理职能的协同

    根据传统的企业管理理论，雇员管理当属企业人力资源管理的范畴，营销所关注的是顾客满意。但是在服务产业中，与顾客直接接触的雇员（被营销学者称为接触性雇员，contact employee）的态度和行为会直接影响到顾客对服务质量的感知，从而最终影响到顾客的满意度。因此，对接触性雇员的管理应当是企业营销与人力资源部门的一个共同决策领域。Hartline 和 Ferrell（1996）建立了一个管理接触性雇员的理论模型，但对如何实施这一模型并没有进行深入的探讨。本章的研究正是基于 Hartline 和 Ferrell（1996）的理论模型，详细分析了如何管理营销与人力资源部门的这一共同决策领域。

    Hartline 和 Ferrell（1996）在前人研究的基础上建立了一个管理接触性雇员的理论模型，并通过实证研究证明了该模型的有效性，可以通过对这一模型（见图 7.1）的回顾来发现管理接触性雇员的有效方法。

    模型中列出了 5 个影响顾客感知服务质量的变量，它们分别为：工作满意、自信心、适应能力、角色冲突和角色模糊。其中工作满意、自信心、适应能力直接对顾客感知的服务质量产生积极的影响，而角色冲突和角色模糊这两个因素又会直接对工作满意、自信心和适应能力这三个因素造成负面影响，从而间接地与顾客感知质量形成负相关的关系。此外，自信心对工作满意有积极的影响，对适应能力也有积极的影响，而角色冲突则会干扰雇员在工作中获得有效的信息，从而导致角色模糊。

    由于这五个变量是影响接触性雇员行为和态度的主要因素，因

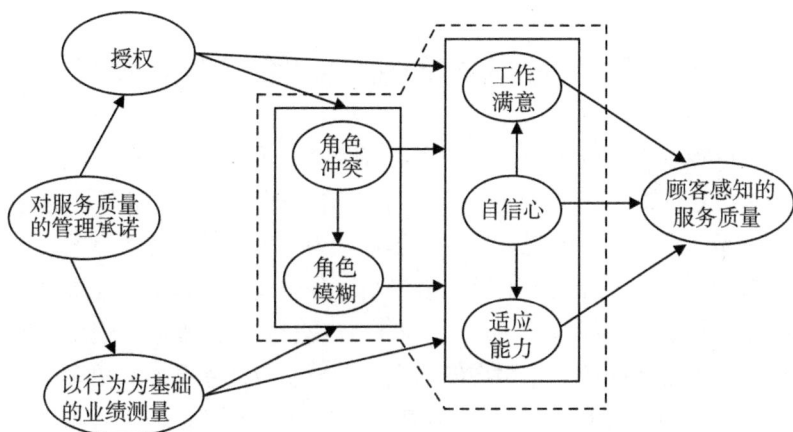

注：图中虚线框内的部分为接触性雇员行为和态度特征

图 7.1　管理接触性雇员的理论模型（Hartline & Ferrell，1996）

此，Hartline 和 Ferrell（1996）认为，对接触性雇员的管理可通过影响这五个变量来实现的。他们在模型中同时列出影响以上五个变量的三种管理行为，分别是：授权、对服务质量的管理承诺（management commitment to service quality）、以行为为基础的业绩测量。

合理的授权是管理接触性雇员的重要方法。本章第一节将介绍授权的性质，然后分析授权在接触性雇员管理中的作用和局限性，并以此为基础建立一个服务企业授权决策的理论模型。对服务质量的管理承诺是指在选择企业战略和战术行为时要有质量意识（Ahmed & Parasuraman，1994）。具体到接触性雇员管理方面，企业应当充分考虑接触性雇员对内部服务质量的感知。因此，本章第二节建立了一种基于关键事件技术的内部服务质量的测量方法。

以行为为基础的业绩测量是根据雇员的行为过程而不是行为结果来对他们的工作进行评价（Anderson & Oliver，1987）。在这一评价系统中，衡量业绩的主要指标是雇员工作的努力程度、友善程度、团队精神、顾客导向程度以及解决顾客所提出问题的能力等，而不是销售额、利润、服务次数等指标。本章第三节讨论这一方法

137

的意义并提供了一个零售业的测量范本。

第一节　接触性雇员授权决策的理论框架

尽管服务企业中的接触性雇员管理吸引了很多学者的目光，但是对接触性雇员的授权研究却并不丰富，而且在现有的研究结果中，还存在着不同的观点。一些学者认为，大多数服务产品的生产和消费具有同步性特征，因此应当给服务企业中的接触性雇员较大程度的自主权。如 Grönroos（1990）曾说过："在服务传递中，雇员与顾客之间的相互作用会使拥有较大自主权的雇员能有更多改正错误和增加销售的机会。"但另有一些学者认为服务企业的雇员不应当有更多的自主权。例如，Smith 和 Houston（1983）及 Levitt（1972，1976）等学者都认为应当如同制造业中的企业一样，对服务企业实行标准化以提高服务生产率，这就为服务授权留下了很小的空间。Mills（1985）则认为，对服务企业中雇员的授权程度应当取决于服务系统的结构。对低接触性服务可以使用更多的标准化，对于高接触性的服务，雇员的自我管理将更容易使企业获得成功。此外，Berry 和 Parasuraman（1991）、Bowen 和 Lawler（1992）、Schneider 和 Bowen（1993）等学者也都认为授权应当是有条件的，授权程度应取决于具体情况。本研究认同 Berry 等学者的观点，即认为对接触性雇员的授权应当是有条件的，下文将在此观点的基础上构筑一个接触性雇员授权决策的理论框架。

一、授权的内容和分类

1. 雇员授权的内容

对雇员授权可能会包含很多内容，但是"给雇员一定的工作自主权（discretion）"是授权的核心要素（Bowen & lawler，1992；Conger & Kanungo，1988；Schlessinger 和 Heskett，1991）。工作自主权是指雇员能够自主决定完成工作任务所需方式的权利。Kelley（1993）将它区分为三种类型，即常规自主权（routine discretion）、创造性的自主权（creative discretion）和反常的自主权（deviant discretion）。常规自主权是指雇员可以在组织列出的一系列清单中选择一种工作方式。创造性的自主权是指雇员可以自行创造一种执行工作任务的方式，这一方式并没有被组织事前列出但是显然会得到组织的认可。反常的自主权则是指雇员自行创造的工作方式可能被组织反对，至少从表现上看可能会伤害组织的既得利益，而且雇员的行为也超出了正常的授权范围。

除了"自主权"这一核心要素之外，授权还包含其他一些要素。Bowen 和 Lawler（1992）给出的授权定义中包含：与组织业绩相关的信息分享权、在组织业绩基础上的获奖励权等。而 Berry（1995）定义的授权不仅包括雇员的权利，而且还包含了雇员的责任。他指出："授权是一种精神状态。一个被授权的雇员也许能够有以下感觉。（1）能够决定如何完成工作任务；（2）了解应完成的工作任务的背景信息；（3）对自己的工作结果负有责任；（4）对部门和组织的业绩负有一定的责任；（5）能够在个人和组织业绩的基础上获得公平的回报。"

综合上述观点可以发现，对雇员授权的内容涉及雇员的责、权、利三个方面，"权"主要指的是"工作自主权"，它是授权的核心要素；"责"包括对自己的工作业绩负责和对组织的工作业绩负责两个层面；"利"则至少涉及两个方面，一是信息分享权，包括与组织业绩相关的信息和与工作任务相关的背景信息，二是业绩分享权，包括由于个人业绩的提高而增加报酬和从组织利润的增加中获得一定的份额。

2. 按授权的程度进行分类

Bowen 和 Lawler（1992）对服务产业的授权程度进行了研究，他们认为，授权的程度在控制导向（control oriental）和参与导向（involvement oriental）两个极端之间变化。他们根据授权程度由小到大的顺序，将雇员授权分为四种类型。首先是"生产线方法"（production line approach），它是控制导向的典型代表，此时员工严格按照操作规程提供服务，管理者对员工几乎没有授权。第二种类型是"建议参与"（suggestion involvement），它与生产线方法的区别是允许员工提出对服务内容和服务过程进行改变的建议，但建议是否被采纳完全由管理者决定。这一程度的授权活动强调了雇员的信息分享权，管理者与雇员进行双向的信息沟通，除了通过雇员调查了解雇员的建议之外，还可能使用一些如企业内部杂志、工作小组简报等其他技术来向雇员传递信息，以激励他们更好地工作。

第三类的授权程度被称为"工作参与"（job involvement）。授权达到这一程度的显著标志是管理者会给雇员多方面的工作自主权，在一定程度上让他们自行安排自己的工作。这些自主权可能是给员工个人的，也可能是给一个员工小组的，后者会使员工形成一个自我管理的团队。与此同时，还会根据自主权程度的高低要求员工对自己的工作业绩乃至对组织的工作业绩承担一定的责任并在此基础上享有一定的业绩分享权。

第四类的授权程度被称为"高度参与"（high levels involve-ment）。此时，雇员不仅参与对自己工作的管理，而且参与对组织整体工作的管理，并在参与组织的管理决策的同时分享组织的利润。

Bowen 和 Lawler（1992）提出的授权程度的分类对理解授权是有益的，Kelley（1993）对授权的核心要素——"工作自主权"的分类也具有参考价值，本书将在建立服务授权决策的理论模型中综合使用这两类方法。

二、对接触性雇员的有条件授权

（一）对接触性雇员授权的原因

在 Hartline 和 Ferrel（1996）的接触性雇员管理的理论模型中可以看到，授权会对接触性雇员行为和态度的五个变量上产生影响。以此为基础，可以清晰地看到授权带来的好处，此外，从服务补救的角度也可发现授权的意义所在。

（1）提高授权程度会减少角色冲突和角色模糊。提高授权程度，接触性雇员对自己工作的安排将有更多的自由度。作为一线员工，他们清楚地知道哪些工作任务不能同时执行，哪些任务执行时可以相互协调，这样必然会减少角色冲突的发生概率。在对授权性质的介绍中也已经看到，授权程度的提高还意味着雇员可以获得更多与工作任务有关的信息，会减少工作任务的模糊性。

（2）提高授权程度会增加雇员的工作满意、自信心和适应能力。Conger 和 Kanungo（1988）认为提高授权程度会直接导致雇员自信心的增加，因为当雇员有更多的自主权和更多的信息时，他们对工作效果将有更多的自信。授权程度与雇员适应能力的正相关性更是一目了然，因为更多的授权能使雇员无需过多地请示，就能自主决定用一个更好的方式为顾客提供服务，这样必然更能够适应顾客需求及环境的变化。授权程度也许并不会直接影响雇员的工作满意度，但是 Hartline 和 Ferrel（1996）的研究清晰地指出，角色冲突、角色模糊这两个变量与工作满意是负相关的，自信心则与工作满意正相关。因此，提高授权程度可以通过降低角色冲突和角色模糊以及增加员工的自信心这些间接途径来增加雇员的工作满意度。

（3）授权有利于服务失败的补救。授权在服务补救中也扮演着重要的角色。尽管全面质量管理理论和服务营销理论都强调"零缺陷"或"在第一时间内把工作做好"，但是几乎没有哪个服务企业能够做到这个近乎苛刻的要求，因此"服务失败是不可避免的"（Hart et al.，1990）。关键在于，当服务失败发生时，应当采取迅速的补救措施，否则顾客将会对企业的整个服务体系失去信任并可能传播负面口碑。更多的授权会使一线员工在服务失败的同时就能够采取积极、迅速的补救措施，正如 Schlessinger 和 Heskett（1991）所说，"对一线员工的授权是打破服务企业中'失败的恶性循环'的关键因素"。

（二）授权的成本

由于授权而引起的消极作用都可以被看作授权的成本。授权带来的一个直接后果是它增加了雇员的工作范围，这就要求雇员必须接受适当的训练以达到更广泛的工作任务对他们的要求，这可能会增加企业的培训成本。同时，授权导致的工作责任的增加以及对技能要求的增加会使企业需要招收更有能力的员工，从而增加了薪酬成本。Hartline 和 Ferrell（1996）在强调授权对雇员的工作成果既有积极影响也有消极影响时指出："尽管具有较大自主权的雇员在工作中有更多的自信，但是由于所承担责任的扩大，也会使他们遭遇更多的挫折。"

授权在一些情况下也可能放慢服务传递的速度,因为当雇员提供更多的个性化服务时,整体生产率可能会受到影响,从而增加顾客的等待时间。而当一个有较大自主权的雇员在进行服务补救时,对公司来说也可能有做出过大让步的风险。此外,过多的授权导致的过多的个性化服务从某种意义上来说对顾客可能是不公平的,雇员可能会不恰当地为和他们类似的顾客提供更多或更好的服务,例如当顾客在年龄、性别、种族以及其他个人特征方面更符合雇员的喜好时,雇员可能会为他们提供更好的服务。

从以上的分析可以看出,授权对工作成果的影响既有积极的一面,又有消极的一面。因此,在服务企业中对接触性雇员授权时应当慎重行事,管理者应该根据具体的服务特征来确定授权的类型和授权的程度。

三、服务企业授权决策的理论模型

(一) Bowen 和 Lawler 提出的影响授权的因素

Bowen 和 Lawler (1992) 提出了一个在服务产业中授权的框架,他们认为有五种因素对授权有影响:

(1) 经营战略。当企业采取差异化的经营战略时会需要提供更多的定制化和个性化的服务,此时应当对雇员进行更多的授权;而当企业采取低成本、大批量战略时则应当使用标准化程度更高的"生产线方法"来管理雇员。

(2) 与顾客的关系。当需要与企业的顾客建立长期的关系而不只是进行简单交易时,应当增加授权程度。例如在对产业市场的顾客提供服务时,应给予一线人员较高的授权,因为在产业市场中,不仅顾客关系非常重要,而且每个顾客的价值也往往较高。

(3) 技术。如果提供服务时所用到的技术比较单一而且服务人员的工作任务变化不大时,使用生产线方法比授权方法更为合适。而当技术复杂,工作任务变化较大时,则宜使用更多的授权方法。

(4) 经营环境。经营环境的可预测性越大、变化性越小时,顾客需求变化可能会越小，此时的授权程度不需太高，如快餐业。反之，如果经营环境较为复杂，顾客的需求也可能更复杂多变，则需要更多的授权，如航空服务业。

（5）雇员的类型。个人成长的需求越高以及能力越强的雇员往往更愿意接受更多的授权，授权还需要雇员有更多的团队精神和更强的处理人际关系的能力。在需要较高授权程度的企业中，管理者应该是 Y 理论的支持者，在需要更多标准化方法的企业中，管理者则应该是 X 理论的支持者。

这些影响因素有助于了解哪些情况下适用更多的授权，但是却难以看出这些因素后面的潜在维度。这一框架也并没有强调哪些因素是最重要的，而且雇员类型并不是影响授权程度的一个外生因素，而是企业的一个可控因素。在服务企业的授权程度方面，Bowen 和 Lawler（1992）仍然建议使用他们提出的不包含任何授权的"生产线方法"。而本研究认为，由于服务产品的特殊性，对服务企业的接触性雇员应该予以适当的授权，即在服务企业的授权决策中考虑的不是该不该授权的问题，而是授权的程度问题。因此本书提出的服务企业雇员授权决策只涉及"建议参与""工作参与"和"高度参与"三种类型，并将它们与 Kelley（1993）提出的"工作自主权"的三个分类结合起来讨论对接触性雇员的授权程度。

（二）服务企业雇员授权决策的理论模型

1. 授权决策的理论模型

授权决策的目的是为了使雇员能够更好地完成服务任务，从而更好地满足顾客需求，所以恰当的授权类型和授权程度取决于顾客需求的复杂程度以及在传递服务时工作任务的复杂程度。顾客需求的复杂性和工作任务的复杂性应当成为建立授权决策模型的两个基本维度。根据这两个维度可以构筑一个 2×2 矩阵（见图7.2），以帮助分析顾客需求的复杂性、工作任务的复杂性和服务企业雇员授权程度之间的关系。

在 A 区域中，顾客需求和工作任务的复杂程度都较低，例如超级市场中的收银员就处在这种工作环境中。此时可采用"建议

顾客需求的复杂性

	低	高
低 工作任务 的复杂性 高	A 建议参与 没有常规自主权或有较少 的常规自主权 如：收银员	B 工作参与 有较高的常规自主权、少量 的创造性自主权 如：销售员
	C 工作参与 中等或较高的常规自主权、 较低的创造性自主权 如：服务工程师	D 高度参与 高度的常规自主权、 高度的创造性自主权 如：医生、律师

图 7.2 授权决策的理论模型

参与"这一授权程度，雇员没有工作自主权或有很少的常规自主权，但是可以有一定程度的信息知晓权以便更好地回答顾客的问题，企业同时还应该从一线雇员处收集一些建议以改善服务效果。

在 B 区域中，工作任务相对简单，但是顾客的需求更加复杂多变，例如销售员所面对的服务情境。此时可以采用"工作参与"这一授权程度，给予雇员较高程度的常规自主权以迎合顾客的不同需求。在有些情况下，管理者还可以允许雇员拥有少量的创造性自主权，例如一线的推销员有时可以按照自己的时间表去拜访顾客而不是按照公司规定的时间表，他们也应当拥有在一定范围内批准价格折扣的权力。

在区域 C 中，顾客需求相对简单但任务相对复杂，此时也应当采用"工作参与"这一授权程度。例如负责售后维修的服务工程师所处的服务情境。由于可能碰到各种不同类型的机器故障，服务工程师一般有较高程度的常规自主权以决定如何完成任务。但是由于顾客需求相对简单，他们只需要将机器修好就行了，所以这种情况下一般不需要过多的创造性的自主权来提供个性化的服务。比较区域 C 和区域 B 这两种情况下的授权程度，在区域 B 中的授权程度应当适应高一些，因为顾客需求的复杂多变（人的复杂性）

比工作任务的复杂多变（物的复杂性）要更难处理。

在 D 区域中，顾客需求和任务都相对复杂。顾客需求的复杂多变使得更需要一些定制化的服务，而工作任务的复杂多变则会使完成任务的工作方式增加，企业甚至无法一一列出。此时应该采用"高度参与"的授权程度，除了给予雇员高度的常规自主权和高度的创造性自主权之外，雇员的责任和利益也会和个人绩效乃至组织紧密相连。例如医生、律师以及执业会计师等都属于此类雇员。

一般而言，Kelley 所说的"反常的自主权"在服务企业中是不被提倡的，当雇员超越了他们被授予的自主权行事时，往往对组织是有害的，而且也被很多组织作为违纪事件来处理。

以上的分析提出了一个授权决策的理论模型，在运用这一模型时，如何判断企业提供的服务属于哪一个区域是授权决策的关键，因此必须对模型中的两个维度作一些深入分析，以了解衡量这两个维度的主要因素。

2. 衡量顾客需求复杂性的因素

影响顾客需求的因素有很多种，在此只讨论与雇员授权有关的因素。本研究认为从顾客需求角度来看，影响雇员授权的因素有以下四个方面：

（1）*顾客眼中服务产品的复杂程度*(x_1)。一般而言，如果顾客认为接受的服务是复杂产品的话，就会希望有更高水平的专家为他们提供服务。因此，越复杂的产品（从顾客角度看）就越需要更高程度的雇员授权。因为高程度的授权会使顾客对一线的服务提供者有更多的信心。例如管理咨询服务、教育服务、医疗服务等行业，顾客都希望有高水平的专家教授为他们提供服务。

（2）*顾客需求的差异性*(x_2)。顾客之间需求的差异性越大，服务的定制化程度就会越高，这就需要更多的授权以使雇员具有更多的灵活性来满足不同类型的需求。

（3）*顾客对服务传递速度的重视程度*(x_3)。在服务传递速度较为重要的服务产品中，顾客愿意等待的时间会大大缩短。此时过多的授权对服务生产率的提高是不利的，因此，当顾客重视服务传递速度时，应当尽量使用一些标准化的服务方式，如快餐业。

(4) *顾客对服务质量的重视程度*(x_4)。服务质量是服务中的一个复杂的领域，它受到很多因素的影响。其中，员工的服务态度、服务失败后的修复水平都是影响服务质量的重要因素。如上所述，授权既有助于增加雇员的工作满意，改善他们的服务态度，也有助于提高企业的服务修复水平。因此，当顾客对服务质量特别看重时，企业对一线雇员应当使用较高程度的授权类型。

以上四个因素的变化都会引起顾客需求复杂性的变化，因此测量一个服务产品的顾客需求的复杂程度就可以从这四个方面入手。首先，可以分别为这四个因素设立从 1 到 5 的测量刻度，1 表示程度最低，5 表示程度最高。然后从这四个方面对某一服务产品进行评分，假设以 x_i 表示这一服务产品在这四个因素上的分值，a_i 表示每一因素对顾客需求复杂程度的影响因子①，则这一服务产品的顾客需求复杂程度（以 D 表示）的分值为：

$$D = \sum_{i=1}^{4} \frac{a_i x_i}{4}$$

3. 衡量工作任务的复杂性的因素

衡量工作任务的复杂性是站在企业角度来分析工作任务中哪些特性与雇员授权程度相关，主要包括以下 9 个方面：

(1) *完成服务任务所需要技术质量的稳定程度*(y_1)。完成某项服务任务所需要的技术如果是相对固定的（例如以设备为主的服务），应当采用标准化的工作方法；而如果技术变化大（如以人员为主的服务），则应当有更多的授权。

(2) *任务的创造性程度*(y_2)。当完成服务需要提供创造性的解决方案时，则需要更高程度的授权。

(3) *任务执行的难度*(y_3)。当执行一项服务任务的难度越大时，雇员往往需要经过正式的培训或接受更多的教育，此时也需要较高程度的授权。

(4) *服务过程的重要程度*(y_4)。以过程为中心的服务强调的

---

① 由于授权会降低服务传递速度，所以顾客对服务传递速度的重视程度的影响因子 a_3 应为负值。

是服务的功能质量，而以结果为中心的服务则更强调服务的技术质量，前者需要更多的授权。

（5）*接触性雇员所提供的服务价值*（y_5）。当接触性雇员所提供的服务价值占整个服务产品价值的比例较高时，对他们授权就显得更为重要。

（6）*接触时间*（y_6）。接触时间越长，服务的不确定性程度越高，所需要的授权程度越高。值得注意的是，这里的接触时间是指单个雇员与顾客接触的时间，它与顾客接受服务的时间是有差别的。一个顾客可能在服务企业中接受较长时间的服务，但可能是由多个雇员共同完成的，与单个雇员的接触时间不一定长。

（7）*顾客与组织关系的重要程度*（y_7）。在此借鉴了 Bowen 和 Lawler（1992）提出的观点，当需要与企业的顾客建立长期的关系而不只是进行简单交易时，应当增加授权程度。

（8）*授权的风险*（y_8）。风险主要来自于雇员对授权的滥用而导致的对组织利益的危害。当风险增大时，则不宜过多地授权。

（9）*交互营销的机会*（y_9）。Grönroos（1981，1990，1993）多次强调接触性雇员可以使用交叉销售（cross-selling）技术来开展交互营销（interactive marketing）以增加企业的销售额。但并不是所有的服务产业都有交互营销的机会，当这一机会越大时，更高的授权是充分利用交互营销机会的前提。

如同对顾客需求复杂性的测量，可以使用以上九个因素来测量工作任务的复杂性。首先，应当分别为这九个因素设立从 1 到 5 的测量刻度，1 表示程度最低，5 表示程度最高。然后从这九个方面对某一服务产品进行评分，假设以 y_j 表示这一服务产品在这九个因素上的分值，b_j 表示每一因素对工作任务的复杂性的影响因子①，则这一服务产品的工作任务的复杂程度（以 T 表示）的分值为：

$$T = \sum_{j=1}^{9} \frac{b_j y_j}{9}$$

---

① 由于授权的风险与授权程度是负相关的，所以授权风险所对应的影响因子 b_8 应为负值。

根据以上两个公式，管理者得到了某一服务产品的顾客需求复杂程度和工作任务复杂程度的分值之后，就可以判断这一服务产品在授权决策模型中的位置，并用来决定对接触性雇员的授权程度。

四、结论和进一步的研究方向

本节在深入分析顾客需求的复杂性和工作任务的复杂性的基础上构筑了接触性雇员授权决策的理论模型。这一模型是建立在众多学者的理论成果的基础上的，特别是 Kelley（1993）对工作自主权的分类及 Bowen 和 Lawler（1992）对授权程度的分类，在模型中得到了综合运用。同时，本节还简要介绍了这一模型的运用方法，服务企业的管理者可以通过对四个因素的评分来测量某一服务产品的顾客需求的复杂性，以及通过对九个因素的评分来测量该服务产品的工作任务的复杂性，然后再根据这两个维度的测量值确定这一服务产品在模型中所处的区域，并做出相应的授权决策。

值得强调的是，本节所描述的只是一个授权决策的理论模型，模型的实用性还必须取决于进一步实证研究的结果。在进一步的实证分析中，影响模型的两个基本维度的各因素之间的相关程度应当是研究的重点，它将有助于因素的筛选及各因素权重的确定。

第二节　雇员感知服务质量的测量与管理

接触性雇员在服务传递过程中扮演着重要的角色，他们在对顾客提供服务的同时也接受来自于组织中各个部门的其他雇员的服务。因此，接触性雇员所感知的内部服务质量是提高外部服务质量的一个必要条件（Varey，1995）。Heskett 等（1994）提出的服务利润链受到了众多学者的认同，从服务利润链（见图7.3）中也可以看出内部服务质量影响到雇员满意，从而进一步影响到外部服务质量和顾客满意。因此，发展一个适用于接触性雇员的内部服务质量的测量方法，对管理接触性雇员以及促进顾客满意和增加企业利润都具有重要意义。

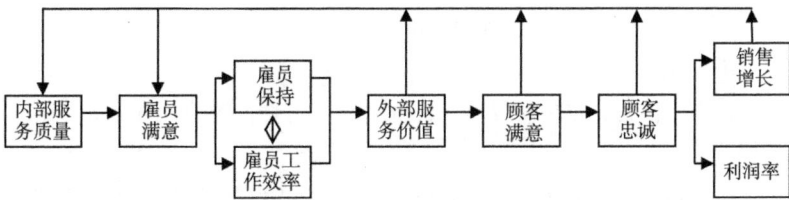

图 7.3　服务利润链

一、基于 SERVQUAL 模型的测量方法

由于意识到内部服务质量的重要性，很多学者（Chaston，1994，1995；Gremler et al.，1994；Nagel & Cilliers，1990；Pitt et al.，1995；Varey，1995）都试图将外部服务质量的测量方法运用到内部服务质量的测量中。但是 Reynoso 和 Moores（1996，1997）认为，由于内部顾客与外部顾客存在着很大的差异，直接将 SERVQUAL 中的质量维度移植到内部服务质量的测量中是不明智的，因此，他们以医院为研究对象，重新发展了一个多维度的内部服务质量测量方法，在此方法中，内部服务质量的属性包括以下几个方面：

（1）帮助（helpfulness）：对内部顾客提供周到服务的积极性。

（2）敏捷性（promptness）：对内部服务需求迅速反应的能力。

（3）沟通能力（communication）：向内部顾客提供必要信息的能力。

（4）有形性（tangibles）：内部服务传递系统的有形展示。

（5）专业性（professionalism）：内部服务提供者在提供内部服务时所具备的专业技能。

（6）可靠性（reliability）：准确、可靠地执行所承诺服务的能力。

（7）机密性（confidentiality）：内部服务提供者保护企业机密的能力。

（8）灵活性（flexibility）：在动态环境下，内部服务提供者随

149

机应变的能力。

（9）有准备程度（preparedness）：是否准备了提供内部服务所需要的资源。

（10）体谅能力（consideration）：对内部顾客的了解程度以及信任度。

SERVQUAL 模型的一个重要缺陷是它的普适性问题。例如，Grönroos（2000）在其著作中指出："很多研究表明，SERVQUAL 模型所使用的 5 个服务属性对于有些服务可能是有意义的，但对于另外一些服务可能意义并不大。SERVQUAL 所选择的 22 个指标也存在着同样的问题。应用 SERVQUAL 必须十分慎重，因为服务内容、市场和文化环境存在着差异，究竟选择哪些指标要根据具体情况来加以确定。"Reynoso 和 Moores（1997）发展的内部服务质量的测量方法也存在着同样的问题，因为这一方法仍然是以属性为基础的，根据某些行业确定的内部服务质量的属性同样也不一定适用于其他行业的内部服务质量的测量。因此，设计一个普遍适用的以属性为基础的测量方法几乎是不可能的。为了解决这一问题，本研究基于关键事件技术，提出了一种以事件为基础的内部服务质量的测量方法。由于这种方法并不事先确定内部服务属性，因此可以运用于任何类型的服务企业。

二、基于关键事件技术的测量方法

关键事件技术（Critical Incident Technique，CIT）由美国学者 J. C. Flanagan 于 1954 年提出，它要求受访者讲述一些印象深刻的事件，然后对这些所谓的关键事件进行内容分析（content analysis），以寻求导致这些关键事件发生的深层次的原因。目前，CIT 已被运用于多个学科中，如管理学（White & lock，1981）、人力资源（Hough，1984；Pursell，Campion & Gaylord，1980）、教育学（Copas，1984；Cotterell，1982）。

Bitner、Nyquist 和 Booms（1985）等学者开创了 CIT 在营销领域中的运用，他们首先将 CIT 运用于分析服务接触，随后 Bitner、Booms 和 Tetreault（BBT，1990）运用关键事件技术，从顾客角度分析了顾客满意问题。在研究中，BBT 将关键事件定义为顾客满意或不满意的服务接触，并根据诱发这些关键事件的原因，建立了一个服务接触分类系统。1994 年，Bitner、Booms 和 Morh 又从接触性雇员的角度出发，对 BBT 的研究成果进行了验证，同时进一步完善了 BBT 提出的分类系统。

关键事件技术同样可以运用于内部服务质量的测量。从服务利润链中可以看出，雇员满意与雇员感知的内部服务质量之间有着密切的联系，"雇员对内部服务质量的感知是导致雇员满意或不满意的一个非常重要的因素"（PZB，1985，1988；Grönroos，2000）。因此，可以通过分析雇员满意或不满意的原因，来发现企业内部服务传递中质量方面的缺陷或卓越点。从这一思路出发，可将关键事件定义为接触性雇员满意或不满意的内部服务经历①，在 BBT 的研究基础上，设计了一套使用关键事件技术来测量和改善雇员感知服务质量的方法。为便于叙述，本书将此法简称为 MBCIT（Method Based on Critique Incident Technique）。这一方法主要由图 7.4 中的四个步骤构成。

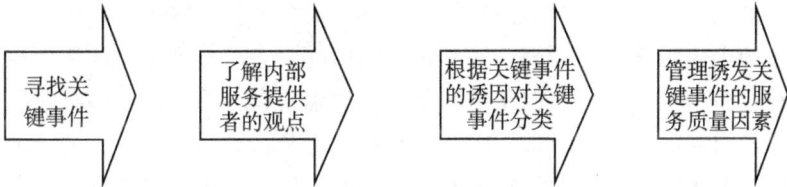

图 7.4　MBCIT 法的基本步骤

（一）寻找关键事件

本书将关键事件定义为接触性雇员在接受内部服务时满意或不

---

①　BBT 将关键事件定义为顾客满意或不满意的服务遭遇，他们用于分析的关键事件必须满足的一个重要条件是：该事件必须涉及员工同顾客的相互作用。本书定义的内部服务经历包含了内部服务提供者和接触性雇员之间的接触性服务和非接触性服务，因此此处定义的关键事件更为广泛。

满意的内部服务经历，并通过分析诱发这些事件的原因来测量雇员感知的服务质量。为达到这一目的，需要对接触性雇员进行深度访谈或焦点小组访谈。在访谈中，不需要预先设定任何框架，而只是要求受访者根据自己的工作经历，如实地回答以下问题：

● 描述几件你认为满意的内部服务经历和（或）不满意的内部服务经历。

● 这些事件是什么时候发生的？

● 导致这种局面的特定环境是什么？

● 在这些事件中，内部服务支持者说了什么和做了什么？

● 您认为导致你满意（和/或不满意的）的原因是什么？

● 你认为这些满意和（或）不满意的事件对外部服务质量会造成什么影响。

（二）了解内部服务提供者的观点

Fiske 和 Taylor（1984）通过实证研究发现，在事件原因的归属过程中存在许多偏见，其中，利己的归因偏见尤为明显。即：人们倾向于把成功归于自己（也就是把成功归于内因，一种自我强化的倾向），把失败归于别人（也就是把失败归于外因，一种自我保护的倾向）。由于存在这种倾向，可以预见，接触性雇员往往更多地会将不满意的原因归咎于企业的内部服务支持系统，却很少在自己身上寻找原因。但是内部服务失败确实有可能是由一些接触性雇员自身的问题所引致，因此，管理者在分析导致关键事件的原因时，并不能总是听取接触性雇员的一面之词，还应当将从接触性雇员处收集到的信息与内部服务支持系统中的员工进行充分讨论，以使管理者的判断更为客观公正。

（三）分析关键事件

由于服务质量是诱发关键事件的重要因素，因此本步骤的首要工作是结合企业中两类雇员的观点，对所收集的关键事件进行深入分析，找出诱发这些事件的服务质量因素。

Grönroos（2000）将顾客感知的服务质量分为技术质量和功能质量，这一观点同样可以移植到接触性雇员所感知的内部服务质量上。其中，技术质量是指接触性雇员在内部服务过程结束后的

"所得"，是他们对内部服务结果的感知；功能质量则是指服务结果的传递方式，是接触性雇员对内部服务过程的感知。技术质量代表了企业内部服务传递系统的绩效，也是影响外部服务质量的直接因素。技术质量在服务体验中往往扮演"保健因素"的角色，它必须处于一个可接受的水平，否则很容易引起服务接受者的不满。因此技术质量是诱发关键事件的重要导火索，而且与之相关的关键事件往往会是接触性雇员感到不满意的服务经历。

功能质量在服务体验中则更多地扮演"激励因素"的角色，是服务企业创立竞争优势的重要砝码，但是功能质量一般不能用客观标准来衡量，所以相对而言则更为复杂。功能质量产生于服务接触之中，因此基于 Bitner 等学者（1994）对服务接触的研究成果，可将可能诱发关键事件的功能质量因素分为三种类型。

1. 内部服务支持系统中的员工对内部服务失败的反应

企业的内部服务传递系统难免万无一失，而当内部服务失败时，服务提供者的反应会直接影响接触性雇员的满意程度。在有些时候，服务失败本身并没有激起服务接受者的不满，而是服务提供者在服务失败时没有采取积极的补救措施才导致了不满意的内部服务经历。此外，在很多情况下，也会因为在服务失败后，服务提供者能够采取积极的补救措施而导致满意的内部服务经历。

2. 企业对接触性雇员的需要和要求的反应

不同的接触性雇员对工作环境、报酬、工作时间以及内部服务提供者的态度都有不同的要求，企业管理者以及内部服务支持系统如果能够满足这些要求，就会使得他们感到满意，否则就很可能会给他们留下不满意的印象。

3. 内部服务支持系统自发的、未经要求的行为

导致关键事件的原因也可能是内部服务支持系统中员工的自发的、未经要求的行为。从接触性雇员的角度来看，这些事件和行为往往出乎意料，不是因为内部服务失败而触发，也没有迹象表明他们有特殊需要或做出特殊的请求。例如，企业高级管理者有时对某一个接触性雇员表现出的特别关注可能会使他觉得受宠若惊，而有时候内部服务支持系统中的某个员工可能违反基本的礼节而触怒他

们的服务接受者。

　　以上归纳了可能诱发关键事件的三种服务质量因素，在深入分析关键事件所发生的原因后，可以通过图 7.5 所示的程序将所收集的关键事件根据其诱发的原因分为 A、B、C、D 四种类型①。企业的管理者可以从分类的结果中看出当前的服务质量状况，并可以根据各类事件所出现的频率高低来决定应当首先对哪些服务质量因素采取更积极的行动。

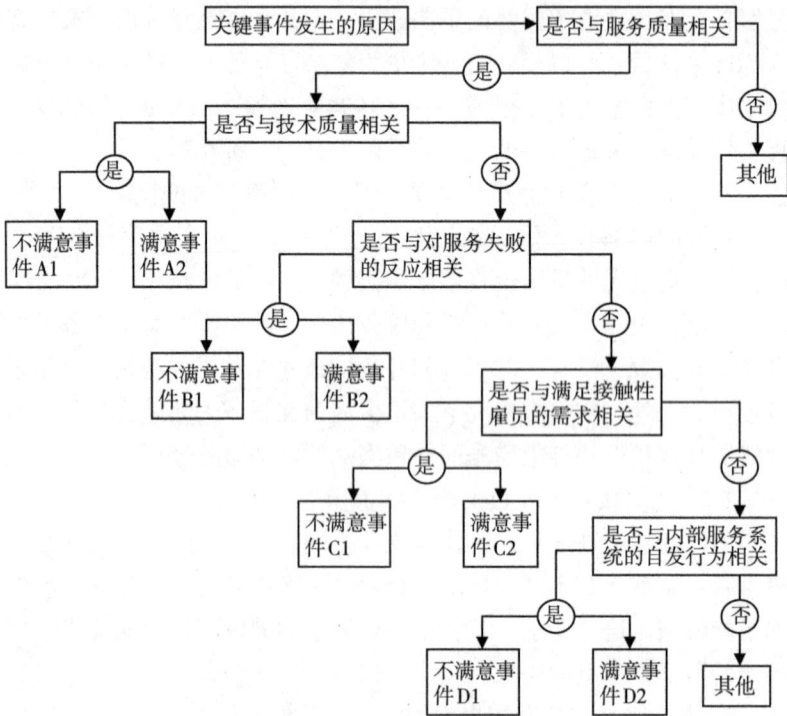

图 7.5　关键事件的分类程序

―――――――――

　　① 当然也会存在一些非服务质量因素诱发的关键事件，例如接触性雇员的情绪、能力等因素。企业管理也应当对此采取相应的行动，由于与服务质量无关，本书在此并不多加讨论。

(四) 对诱发关键事件的服务质量因素进行管理

1. 管理 A 类关键事件的诱因

　　由于技术质量在服务质量的感知中往往扮演的是"保健因素"的角色，因此它对感知服务质量的影响可用图 7.6 表示。从图 7.6 中可以看出，当技术质量低于服务接受者的正常期望 N 点时，感知服务质量对技术质量的变化非常敏感，而当技术质量高于顾客的正常期望 N 点时，它的变动对感知服务质量的影响就不会太大。因此，当 A1 类关键事件的频率增高时，说明企业的核心服务绩效出了问题。此时管理者应当及时地对内部服务系统的硬件设备、内部服务人员的能力、技巧等问题进行检查，必要时应当加大对内部服务硬件系统的投入以及对员工招聘和培训的投入，否则将使雇员感知的服务质量急剧下降，进而对外部服务产生重要影响。而当 A2 类关键事件的频率增加时，对企业而言也并不一定值得庆贺。技术质量的提高可能伴随着大量的投资，同时也会提升接触性雇员乃至顾客对服务质量的期望。在以后的服务中，如果企业不能维持这一新的技术质量水准，反而会导致大量的不满意事件发生。因此，服务企业管理技术质量的目标是将其维持在略高于正常期望的水平。

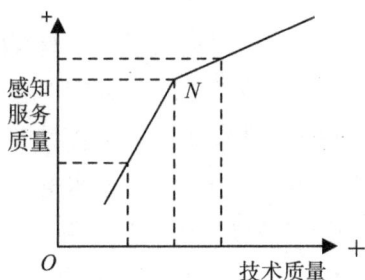

图 7.6　技术质量与感知服务质量的关系

2. 管理 B 类关键事件的诱因

B 类关键事件涉及企业的内部服务补救能力。如果 B2 类事件发生的频率较高，说明企业的服务补救能力值得称赞；而当 B1 类事件发生的频率增加时，则说明其内部服务补救能力亟待增强。企业的内部服务失败往往会直接导致外部服务失败，而外部服务失败的补救光靠接触性雇员是不够的，还需要组织中的内部服务系统的支持，即建立一个良好的内部服务补救系统。

3. 管理 C 类型关键事件的诱因

C 类关键事件涉及企业及内部服务支持系统对接触性雇员需求的满足程度。C2 类事件的频繁发生意味着企业为接触性雇员提供了一个良好的工作条件，但是如果 C1 类事件发生的频率过高，则意味着企业应当重新对接触性雇员的工作任务、工作环境、报酬系统以及内部服务支持系统进行设计，否则会进一步增加接触性雇员的不满情绪，从而导致外部服务质量受损。

4. 管理 D 类关键事件的诱因

D 类关键事件与内部服务系统自发的、未经要求的行为有关。D1 类关键事件发生的频度过高，则意味着企业内部服务支持系统中的员工素质可能出现了问题，对经常无故冒犯同事的员工，企业应当采取严厉的处罚措施。D2 类关键事件会增加接触性雇员的满意度和忠诚度，但是此类事件发生的频率过高可能会对管理雇员期望造成困难。

顾客期望对顾客感知的服务质量的水平具有决定性的影响，这一观点已是服务营销领域中的共识，因此管理顾客期望是提高顾客感知服务质量的一个重要手段。Grönroos 就曾指出："从营销实践来看，将顾客期望控制在一个相对较低的水平，企业营销活动余地就会更大，从而有利于提高顾客所感知的服务质量水平。"在企业内部服务质量的管理中，内部顾客（接触性雇员）的期望也应当受到很好的管理，因为雇员往往具有很强学习能力，企业每一次的额外关照都可能会提升他们对下一次服务质量的期望，这显然会为企业增加无形的负担。因此为了避免雇员期望的螺旋式上升，企业应当控制给雇员带来额外"惊喜"的频率。

第三节 以行为为基础的业绩测量方法

在 Hartline 和 Ferrell（1996）提供的接触性雇员的管理模型中，以行为为基础的业绩测量方式是影响接触性雇员服务质量的重要因素，本节对此因素进行讨论。

一、以行为为基础与以结果为基础的业绩测量方法

组织心理学家（Campbell，Dunnette，Lawler 和 Weick，1970）识别了三类测量工作业绩的角度。首先是工作行为本身，即雇员在工作中干了什么（例如如何为顾客提供服务、如何整理存货、如何解决顾客的抱怨等）；其次是雇员工作行为的效用，即雇员的行为对组织目标的贡献（主要是雇员对组织贡献的定性衡量）；最后是工作效果，主要是一些与销售额、市场占有率、顾客满意度等相关的定量指标。从第一种角度测量雇员的工作业绩，被称作以行为为基础的业绩测量方法（behaviors-based measurement），而基于后两种角度的则被称为以结果为基础的测量方式（outcome-based measurement）。

以结果为基础的业绩测量方式以其操作的便利性和直观性受到了很多管理者的青睐，但是，这种方法往往会鼓励雇员急功近利的思想（Moynahan，1983；John 和 Weitz，1984；Smyth，1968），同时对雇员往往是不公平的，因为在很多情况下，有很多影响企业绩效的因素是雇员无法控制的（Wolfe 和 Albaum，1962）。

以行为为基础的方法衡量业绩的主要指标是雇员工作的努力程度、友善程度、团队精神、顾客导向程度以及问题解决能力，而不是销售额、利润、服务次数等指标。此类方法使得雇员能够更好地控制影响他们业绩评价的因素（Anderson 和 Oliver，1987；Cravens et al.，1993），从而会促使雇员更好地提高服务质量（George，1990；Gronroos，1983）。对行为指标的强调还能够增加雇员的工作能力（Cravens et al.，1993），提高雇员的工作满意度（Oliver 和 Anderson，1994）。研究者还发现，当雇员感觉到他们的报酬与自

身的工作行为相关时，他们的适应性会有所提高（Scott 和 Bruce，1994），角色冲突和角色模糊性都会有所降低（Basu et al.，1985）。尽管 Anderson 和 Oliver（1987）在分析销售人员的控制系统时也指出，以行为为基础的测量方法的一个最大的缺陷是复杂性较高，测量者难以控制。但是大多数服务企业的接触性雇员往往在一个固定的场所工作，相对于企业的销售员（特别是产业市场中的销售员）而言，管理者能够更好地监督他们的工作行为。总之，很多研究都证实了以行为为基础的测量方法对接触性雇员的工作态度和工作行为都有积极的关系。

二、方法发展：以服务零售企业的接触性雇员为例

由于服务内容因行业和企业而异，以行为为基础的业绩测量工具在不同企业和行业中会存在很大的不同。然而，测量工具的发展方式却是标准的，本书通过介绍 Bush 等（1990）的研究来提供一个发展测量工具的范本。

Bush 等（1990）以百货商店时装柜台的雇员行为为研究对象，发展了一个衡量接触性雇员业绩的以行为为基础的测量方法。

他们首先对百货公司经理进行了 80 小时的焦点小组访谈，归集了 53 个影响接触性雇员工作业绩的行为。随后，研究者对零售业方面的专家进行 80 个小时的深度访谈，将 53 个项目缩减为 41 个。在探测性调研之后，Bush 等学者又以百货公司的时装销售员为对象进行了定量调研，并对调研结果进行了因子分析，将 41 上项目进一步缩减为 22 个，并划分为 5 个维度（见表 7.1）。最后，他们在新一轮定量调研结果的基础上对业绩测量量表进行了信度和效度分析。信度分析使用了 Cronbach'α 系数和再测信度两种方法，前者的结果为 0.86，后者的结果是两次测量的相关系数为 0.67（$p<0.01$），这说明该测量量表的信度非常不错。在效度分析方面，此研究只考虑了效标效度，包括预测效度和同时效度两个指标。预测效度的参照项为相应雇员对企业毛利润的贡献，量表测量结果与毛利润贡献测量结果之间的相关系数为 0.39（$p<0.05$），表明预测效度较好；同时效度以雇员成功所需要具备的 13 项素质为效标，

两个测量结果之间的相关系数为 0.21 （$p<0.05$），这一数据证明了量表具有较好的同时效度。

表 7.1　　　　　以行为为基础的业绩测量量表

维度及项目	因子载荷
1. 货品管理	
A. 雇员在清点货品时的准确性；	0.679
B. 货品在遭受不正确运输时，雇员避免商品损失的能力；	0.683
C. 在销售场地整洁、规范摆放货品的能力；	0.686
D. 在到货后，摆放货品的速度；	0.633
E. 对货品存放过程中的注意事项的了解	0.643
2. 顾客服务能力	
A. 是否有礼貌地为顾客提供服务；	0.726
B. 销售过程中处理服务抱怨和服务差错的能力；	0.810
C. 是否能够得当地处理顾客的退货；	0.747
D. 是否能够得当地进行赠品的发放	0.810
3. 销售能力	
A. 是否有很强的接近顾客的能力；	0.710
B. 是否能够在保证利润的情况下促销；	0.643
C. 是否能够对其他部门的销售人员提供必要帮助；	0.626
D. 是否能够与本部门的同事处理好关系	0.795
4. 对货品的了解	
A. 对货品设计、风格的了解；	0.816
B. 对促销品和（或）广告商品特点的了解；	0.772
C. 对货品原料、颜色搭配、饰物搭配的了解	0.821
5. 对公司政策及纪律的执行	
A. 是否能够提供准确和完整的工作计划；	0.931
B. 是否能够提供准确和完整的信用和现金交易资料；	0.672
C. 是否能够按时出席工作会议及培训活动；	0.733
D. 是否遵守日常工作纪律；	0.879
E. 雇员对工作的整体态度	0.615

　　不同服务行为中的雇员有着不同的工作行为，因此，对所有的接触性雇员而言，不可能发展一个统一的以行为为基础的业绩测量方法。但是了解 Bush 等的研究方法和研究结果将有助于在其他类型的企业中发展类似的业绩测量方法。

第八章　营销与财务管理职能的协同

在传统意义上，流动资产管理、长期资产管理以及融资决策都是财务管理的核心领域，但是随着营销在企业中的地位日益重要，这些领域的决策必然需要吸收企业营销人员的观点，从而使得它们成为营销与财务管理的共同决策领域。从营销管理角度来看，营销投资是营销管理中的重要决策，但由于此类决策涉及对企业各项资源的使用，因此必然会受到负责企业资源配置管理的财务人员的干涉，所以此领域也是营销与财务管理的重要结合面。本章基于沃特斯和哈勒迪（2001）、Kurt 和 Hulland（2013）、Lenskold（2002）等学者的研究，对这些营销与财务管理的共同决策领域进行识别，并探讨如何管理好这些营销与财务部门的合作区域。

第一节　财务管理决策中营销与财务人员的合作

一、管理流动资产

存货及应收账款是企业流动资产的两个重要组成部分，市场信息对管好这两类资产至关重要，因此，营销人员作为企业与市场的桥梁，在此类资产的管理中必将发挥很大的作用。但是由于所受的专业训练与工作氛围的不同，营销与财务人员往往会在观念上存在差异，而消除分歧的有效方法就是接受对方的专业训练及加强双方的信息交流。

（一）存货管理

企业持有存货有多种目的，但是其中的一个重要目的是保证顾客对产品的可获得性。营销人员认为高水平的"可获得性"会创造市场优势，因为如果一种产品"总有库存"，就可以尽可能地将顾客的潜在需求转化为现实购买，从而扩大企业的业务总量。高水平"可获得性"的代价是存货的持有成本，包括持有存货所占用资金的机会成本以及存货的保管费用。财务管理人员倾向于尽可能地降低存货的持有水平以节约这些成本和费用，因此他们经常抱怨营销人员提出的存货要求超出了财务管理的可接受范围。

营销人员与财务人员在这一领域中的观点冲突决定了存货管理应当是营销与财务管理的重要合作领域，即企业的存货管理决策应当在营销与财务管理人员的共同协商中完成（沃特斯和哈勒迪，2001）。确定存货的持有水平首先需要确定的是存货的可获得性总成本函数。企业提供存货的可获得性总成本（C）由两个主要部分构成，一是财务管理人员所关心的存货持有成本（C_1），另一个就是企业存货未能满足市场需求量所造成的销售损失（C_2），C_1会随着产品可获得性水平的提高而不断增加，而C_2则恰恰相反。图 8.1 表示了这三类成本的变化过程及相互关系。

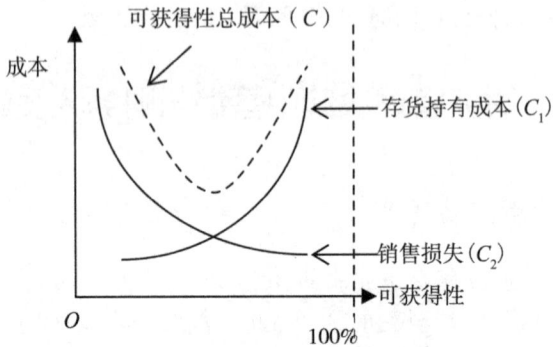

图 8.1　可获得性的成本含义（沃特斯和哈勒迪，2001）

确定最佳存货水平的另一个重要工作是需要了解产品的需求特征。通常消费者对于产品可获得性的提高会有两种类型的回应，一是可获得性的增加会促进消费者对本企业产品的需求，这类产品往往是一些日常用品，可替代性较高，如果消费者发现可以随处购买到本企业的产品，企业就可以较容易地将他们从有弱点的竞争对手中吸引过来。此类产品的销售回应可用图 8.2 中的销售回应 1 来表示；另一类销售回应发生在一些可替代性较低的产品上，消费者具有较高程度的品牌忠诚度，提高产品的可获得性并不能过多地吸引他们的注意。此类产品的销售回应可用图 8.2 中的销售回应 2 来表示。

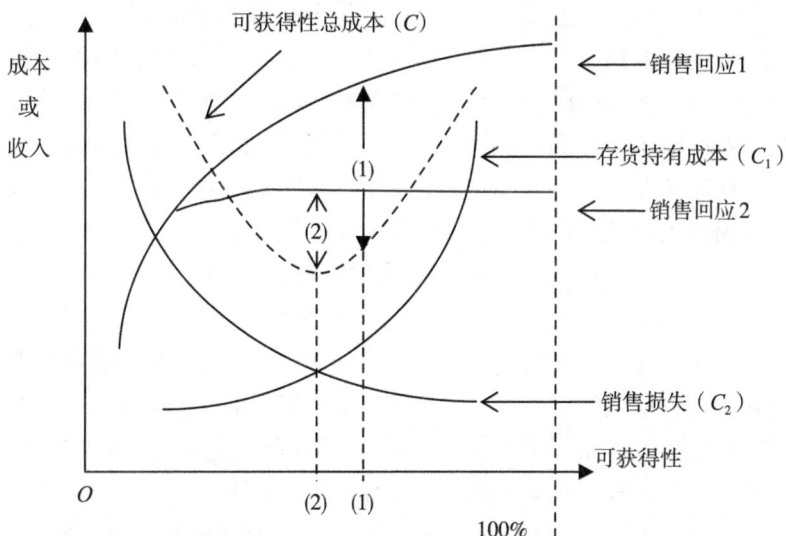

图 8.2　最佳存货持有水平的确定（沃特斯和哈勒迪，2001）

确定最佳存货水平需要同时考虑产品的销售回应特点和可获得性总成本曲线。当产品的销售回应对其可获得性缺乏弹性时，最佳存货水平所对应的恰是可获得性总成本曲线的最低点（图 8.2 中的点（2）），因为在这一点上，销售收入与成本之间的距离最大。而当产品的销售回应对其可获得性具有一定弹性时，销售收入与可获得性总成本之间距离的最大处则落在图 8.2 中的点（1）上，此点也就是最佳存货持有水平所处的位置。

从以上分析中可以看出，财务管理人员在进行存货最佳持有水平决策时至少有两个方面需要与企业的营销人员沟通，一是了解可能存在的销售失误成本，二是了解本企业产品的销售回应的特点。

（二）应收账款管理

信用销售是客户服务的重要元素，也是营销管理中的一个重要策略，但与之相伴的是应收账款的产生。应收账款的存在会导致一些信用成本发生，企业的财务人员管理应收账款的主要目的是尽可能地降低这些成本的数额，而营销人员对信用销售的大量使用却会增加应收账款的基数，从而加大各类信用成本的发生概率，因此营销与财务的另一个重要的合作领域就是企业信用政策的制定。

要使得营销人员及财务管理人员在制定信用政策时协调一致，至少有两个方面的内容需要在这两个职能部门之间进行沟通。首先是企业的财务人员要能够使营销人员了解信用政策成本的含义，使他们认识到企业实施信用销售的代价；其次企业的营销人员也要能够让财务人员了解产品的市场特征以及企业所实施的营销战略，以让他们认识到信用销售可能为营销战略作出的贡献。

1. 信用销售的财务分析——营销人员的知识储备

与应收账款相关的成本主要有三种类型，首先是机会成本，即企业为持有应收账款而丧失的将该资金用于其他方面的收益。机会成本的数额取决于三个因素：日平均信用销售的金额、应收账款的平均回收期、筹集资金的成本，其计算公式如下：

机会成本＝日平均信用销售的额度×应收账款的平均回收期×筹集资金的成本

＝应收账款的资金平均占用额度×筹集资金的成本

第二类应收账款的持有成本是管理成本，即为管理应收账款所发生的各种费用，例如客户的信用调查、应收账款的催收等工作所发生的费用。第三类是坏账成本，即客户拒付或无力支付应收账款而使企业发生的损失。

企业的信用政策不仅涉及信用额度，还包括应收账款偿还期限、现金折扣等信用条件。从计算应收账款的机会成本的公式中可以看到，应收账款的偿还期限对应收账款的成本有很大的影响，因此企业有时会通过提供现金折扣的方式来促进应收账款的早日回收。但是，营销人员应当认识到现金折扣的资金成本往往也是非常高的，例如企业经常使用的一个信用条件"1/10, n/30"，此时企业为提前 20 天收回货款所发生的资金成本的年化利率 r 可高达 $18.2\%\left(r = \dfrac{0.01}{0.99} \times \dfrac{360}{30-10} \approx 18.2\%\right)$。

营销人员对信用成本的认识有助于他们在寻找顾客时主动考虑顾客的信用状况，而不只是为了销售产品而盲目地承诺过于宽松的信用条件。

2. 产品特征及营销战略对信用政策的影响

产品的市场特征和企业的营销战略都会影响到信用政策的选择。图 8.3 显示了信用政策的运用在产品整个寿命周期中可能的变动情况。在市场开发阶段，信用政策将取决于新产品的类型。如果企业开发这一产品只是对现有产品提供竞争性回应的话，对信用工具的需求将不会太高；而如果企业开发的是一个创新产品并且实施的是市场渗透战略的话，则会使用更多的信用激励手段。可选择的方式包括对分销商使用高存货水平下的委托销售模式（即分销商在售出货物后才付款），向特定的最终用户（如最早采用者）提供信用贷款或是允许他们分期付款。在市场增长阶段，扩大市场份额仍然是企业的主要营销战略，因此仍然需要对分销商及某些最终用户进行信用激励，但是出于对风险的控制，企业可能会对信用条件做适当的收缩，例如减少委托销售模式中的存货水平，缩短最终用户的信用期限等。当市场处于成熟阶段时，企业已基本获得了稳定的市场份额，此时除了偶然性的促销活动之外，企业通常只使用标准交易地信用安排；在市场衰退阶段到来时，为尽可能地减少经营风险，企业可能会完全放弃对信用工具的使用。

二、管理长期资产

会计学中将变现期超过一年或一个营业周期的资产称为长期资产。在长期资产中，固定资产与无形资产是两个最主要的组成部分，对这两类资产的管理也涉及了营销与财务管理的共同决策领域。

1. 固定资产决策

成本及收入

市场开发阶段 ➡️ 市场增长阶段 ➡️ 市场成熟阶段 ➡️ 市场衰退阶段
市场增长阶段

销售收入

应收账款成本模式

时间

信用政　委托销售模式　　委托销售模式　　标准信用安排　　收缩信用条件
策选择

维持分销商高存　　最终用户信用　　促销活动使用信用
货水平

最终用户信用

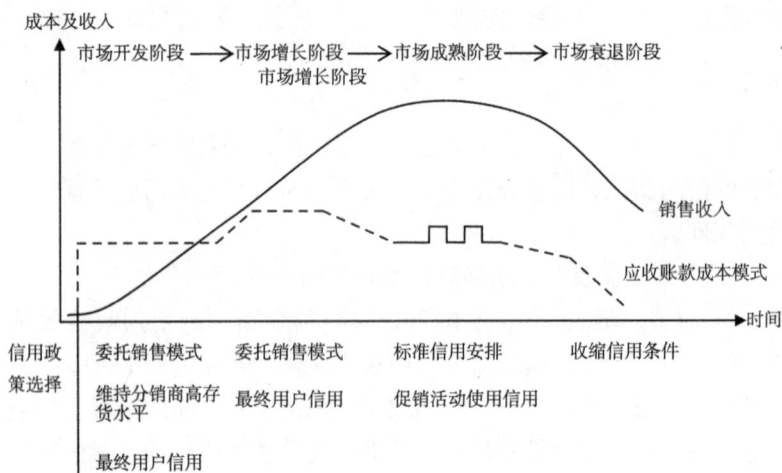

图 8.3　产品寿命周期不同阶段下的信用政策（沃特斯和哈勒迪，2001）

在财务管理中，固定资产决策的重要内容就是确定企业的资产结构，即固定资产与流动资金的比例。由于固定资产对应的是产品的固定成本，流动资产则更多地对应着产品的变动成本，因此这一决策的本身也意味着企业对经营杠杆的利用程度。

经营杠杆反映的是固定成本占总成本的比例。从图 8.4 中可以看出，两个使用不同经营杠杆程度的方案会有一个优劣平衡点，当销售量高于这一点时，杠杆系数大的方案可能获得更多的利润。

经营杠杆的含义表明，当某一产品的销量高于优劣平衡点时，流动性更弱的资产结构会为企业创造更多的利润，反之则应当减少资产结构中固定资产的比例。因此，企业的资产结构决策必须依据产品的市场需求特征而做出。当顾客对某类产品的多样化选择具有偏好时，由于每一市场细分片的容量有限，此时企业如果选择灵活性更高的资产结构，将可能获得更多的利润；而当顾客对产品的多样化选择缺乏敏感时，巨大的市场容量则可能为灵活性较低的资产结构带来更多的回报。

企业所处的产品寿命周期及使用的营销战略也为资产结构决策

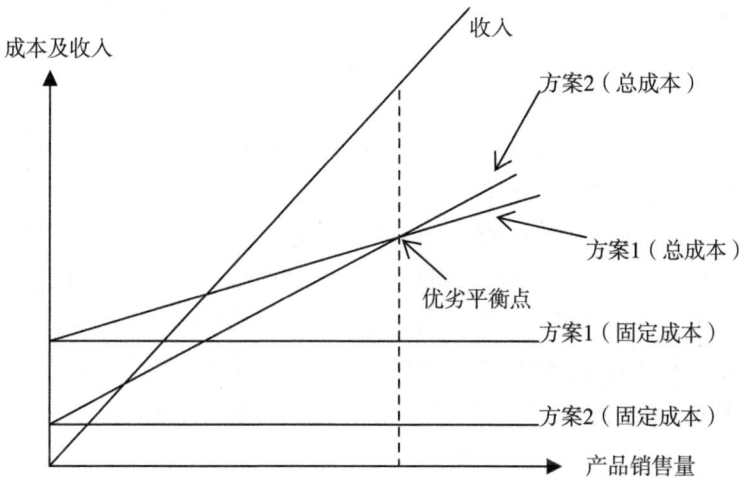

图 8.4 不同杠杆系数方案的成本及利润（沃特斯和哈勒迪，2001）

提供了重要的指导。对于一个使用市场渗透战略的企业而言，在市场开发阶段及高速增长阶段，必须使用高比例的固定资产以求获得生产的规模效应；当企业使用撇脂战略时，在市场开发及增长的初期阶段，应当充分考虑经营风险，尽量控制资产结构中的固定资产比例，扩大外购半成品的份额。而当市场进入高速增长及成熟期时，则可通过扩大固定资产的比例来寻求产品成本的降低，以支持企业市场份额的扩张。

产品的市场需求特征与企业所处的产品寿命周期及所使用的营销战略，都是财务人员在进行固定资产决策时需要与营销人员充分沟通的内容。

2. 无形资产的管理

在现代企业中，无形资产占长期资产的份额越来越大，而以顾客资产（包括品牌资产和关系资产）、渠道资产为代表的营销资产在企业的无形资产中又扮演着重要的角色，因此，对营销资产的管理需要企业的营销人员与财务管理人员更多的合作。

财务管理人员参与对营销资产的管理主要应当体现在两个方

面，首先是会计系统应当对营销资产予以披露。根据谨慎性原则编制的传统会计报表往往并不反映自创营销资产的数额，但是企业为创造营销资产的大量投资如果不能够资本化，一方面会人为地恶化财务状况和贬低当期的经营成果，另一方面也会增加企业财务人员对营销投资的抵触情绪。因此，应当在会计核算中对营销资产予以计算和确定，并且至少在财务报告中对营销资产予以披露。

另外，应当将营销资产的盈利能力纳入财务分析的内容。传统的财务分析只反映有形资产的盈利能力及使用效率，但是以营销资产为代表的无形资产却在股东价值的创造过程中作出了越来越大的贡献。没有包含无形资产盈利能力及使用效率的财务分析必然是不完善的，据此做出的各类决策也必然会存在或多或少的缺陷。事实上，近年来战略管理会计的发展也为这一观点提供了强有力的支撑。

三、融资决策

莫迪格利安尼和米勒（Modigliani 和 Miller，1958）在其著名的资本结构无关论（irrelevance of capital structure）中指出，公司价值仅与公司的资产及其投资决策有关，取决于企业的基本获利能力（投资现金流）和风险，而与公司的资本结构无关。在这一理论的影响下，融资决策长期被看作财务管理的专有领域，融资决策对营销战略的影响在很长一段时期内没有得到足够的重视。但是，由于 MM 理论的一个重要约束条件是完全竞争市场，在非完全竞争市场中，营销战略的实施却与企业的资本结构有着重要的联系。事实上，Baldauf、Dockner 和 Reisinger（2000）就明确分析了一个双寡头垄断竞争市场（duopolistic market）中长期负债对企业定价战略的影响。

Baldauf、Dockner 和 Reisinger（2000）在博弈论的基础上，使用严格的数学推理得出了以下结论：在一个需求不确定的市场中，企业更倾向于使用撇脂定价策略，但是，企业的长期负债比率却对撇脂定价策略的实施有着重要影响，即：假设用 p_0 表示撇脂定价策略前期的最优价格，p_1 表示撇脂定价策略后期的最优价格，p'_0 表示长期负债比率增加后撇脂定价策略前期的最优价格，p_1' 表示长期负债比率增加后撇脂定价策略后期的最优价格，则 $p_1' > p_1$，同时 $p_0' < p_0$（见图 8.5）。这一结论说明，企业对财务杠杆的利用程度越高，撇脂定价策略的实施就越为困难。因此对于处在非完全竞争市场中企业而言，融资决策同样也是营销与财务管理的一个结合面，营销经理应当参与企业确定企业的资本结构，否则有可能出现营销战略与财务战略严重冲突的状况。

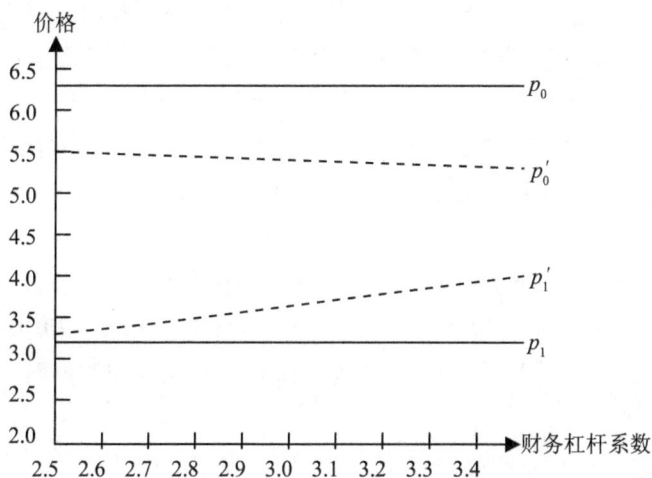

图 8.5　财务杠杆系数对定价的影响（沃特斯和哈勒迪，2001）

在 Baldauf 等学者（2000）之后，学者们开始越来越多地关注融资决策对营销决策的影响，正如 Garmaise（2009）所说，公司资本结构是否会影响其对营销活动的投入呢？不同的资本结构对营销投入的影响有什么不同呢？对不同的营销活动，例如广告、顾客关系管理，是以债务还是股权融资为主？这些都应当是公司财务人员与营销人员共同决策的范畴。

回顾现有文献，债权融资和股权融资对营销活动的影响的一个最主要的结论是高负债公司的营销能力会减弱。首先，高负债公司会减少对营销的投入（Grullon et al.，2006），因为他们往往将营销看作随意性支出；其次，营销经理极有可能采取短视行为，高负债带来的偿债压力和破产风险会促使公司产生拥有充足现金的渴望，从而减少营销投入。而且对于濒临破产的公司，管理层更不会关心公司的长期发展，因此营销经理有充分理由采取营销短视行为，从而导致恶性循环。例如，Grullon、Kanatas 和 Kumar（2006）发现高负债公司会减少广告支出；Matsa（2011）发现高负债超市的缺货问题严重，因此会降低服务质量；Phillips 和 Sertsios（2013）通过对航空公司研究，发现公司面临融资难时会降低产品和服务质量，并采取低价策略以获取大量收入和市场份额；Mizik 等（2007）发现在股权再融资前公司会削减营销支出以换取报表上的高额利润，这样短期内可以从投资者获取大量资金并保持一定的股价；Malshe 和 Agarwal（2015）通过实证证明了高财务杠杆会负向影响顾客满意度，并且其作用路径就是减少广告和研发投入。同时，由于高债务会限制公司的投资行为和应变能力，使公司变得保守（Kurt et al.，2013；Matsa，2011；Phillips et al.，2013；Chevalier，1995）。因此，他们认为高负债会减弱顾客满意度对公司价值的积极作用。

相反，股权融资会增强公司的营销能力。Kurt 和 Hulland（2013）以股权融资为背景，发现股权融资后公司变得更激进，会加大对营销活动的投入。相较于债权融资，股权融资的好处之一就是公司没有还本付息的压力。因此公司获得了大量资金且不用担心偿付问题，因此营销活动的预算会不减反增。除此之外，股权融资后增强营销活动，例如大量广告，消除投资者对股价高估的担忧作用更明显，提升了投资者对公司的信心。

从上述研究结果可以看出，企业的融资结构会直接影响公司的营销投入。因此，企业的财务人员和营销人员应当充分沟通，营销人员应当知晓公司的融资状况，而财务人员也应当了解公司的营销战略和策略，以使融资策略与营销策略更好地匹配，避免不必要的冲突。

第二节 从财务角度分析营销投资
——基于 **ROI** 的营销投资决策

营销投资决策的本质是对不同营销投资方案的选择，会涉及对营销投资方案业绩的衡量。营销人员用于衡量营销方案业绩的指标有很多种，包括财务产出指标，如利润、销售收入和现金流量，以及一些非财务指标，如市场份额、服务质量、适应性、顾客满意、顾客忠诚等。但是在进行营销投资决策时，营销人员在业绩衡量指标的选择上应当与财务管理人员保持一致，即选择投资回报率（ROI）这一指标，因为在共同决策领域，营销人员使用了和财务管理人员同样的语言，这对制定有效决策以及协调两个职能部门间的关系会有更大的帮助。

一、营销 ROI 的测量

从财务管理的角度来进行营销投资应当使用营销投资回报率这一指标，因此首先应当计算营销投资方案的投资回报率；其次，企业还应当确定 ROI 标杆，以便根据这一标杆决定营销投资方案的取舍。营销 ROI 低于这一标杆的投资方案将被舍弃，因此 ROI 标杆是企业管理人员对营销投资回报率的最低期望值。此外，尽管是从财务角度出发进行投资决策的评价，但对于一些无法直接体现为财务价值，却会对投资的未来财务价值产生积极或消极影响的因素也应当予以考虑，例如营销投资对顾客认知和感知、顾客满意度以及顾客忠诚度的影响等。

参考财务管理中投资回报率的计算公式，Lenskold（2002）提出了营销 ROI 的计算方法，其计算 ROI 的基本公式为：

$$ROI = \frac{R}{I} = \frac{GM - I}{I} = \frac{[Re - C] - I}{I}$$

其中，R：回报（return）；I：投资（investment）；GM：总利润（gross margin）；Re：因营销投资而产生的收入（revenue）；C：总成本（cost of goods sold）。

在以上公式中，总利润 $GM = \sum_{t=1}^{n} \frac{[Re-C]_t}{(1+k)^t}$（$k$ = 折现率，$[Re-C]_t$ = 第 t 年收入减去费用的净现金流，n = 营销投资的计算期），即各期收入和费用流的净现值，而各期的收入和费用则可通过以下计算得出：

顾客价值增值，等于

销售收入（包括初始销售收入、重复销售收入、重复增收）

减去售货成本（产品/服务成本、退货成本、无法收回的销售收入）

减去直接销售费用（特惠销售支出、订购流程及完成订单支出、售后服务支出，雇员增加支出）

减去顾客支出净增额（未纳入上述售货成本的所有服务支出）

加上成本节约净增额（因营销投资而导致的任何成本的减少）

加上顾客推荐带来的毛利润（来自接触营销方案的顾客或第三方的推荐）

基本公式中的投资 $I = \sum_{t=1}^{n} \frac{I_t}{(1+k)^t}$（$k$ = 折现率，I_t = 第 t 年营销支出，n = 计算期），即所有营销支出总和的净现值，各期的营销支出总和可以通过以下计算得出：

- 营销支出，分为前期研发成本和可变支出，主要包括：
■ 营销及广告策划支出
■ 材料的策划与印制费用
■ 分销渠道支出净增额
■ 媒体传播支出
■ 营销资源库建构支出
■ 非促销用途的免费样品成本
■ 为支持特定营销计划进行的数据库和系统开发支出
■ 与特定营销活动直接相关的调研支出
■ 为支持特定营销活动的外部战略资源成本
■ 渠道促销筹备支出（例如，在活动开始前的培训）
■ 测量系统和研究报告支出

- 加上长期支出承诺（如客户忠诚计划中为顾客做出的长期服务承诺而可能发生的费用）
- 加上为开发和执行营销投资所投入的人力资源（销售、营销、广告、研发、顾客接触渠道）

在计算营销 ROI 时，另外还有两个重要的要素需要确定，一个是投资计算期，另一个就是贴现率。投资计算期的长短会影响到营销 ROI 的最终数值，选择的时期过短可能会低估营销方案所能创造的价值，而选择的时期过长则会因为风险难以控制而为 ROI 的计算带来困难。因此，在选择的投资计算期时，既要考虑到主要的营销成本及营销活动创造的主要价值应当在此期间内发生，又要考虑到这一期间内的风险不至于过大从而导致所需数据的预测困难。

营销 ROI 通过净现值来计算，因此贴现率的大小也会影响到 ROI 的数值。贴现率通常由资金的时间价值、通货膨胀率和风险贴水三部分构成，因此它的确定应当与投资计算期的长短相联系，如果投资计算期较长，由于风险可能增长，因此贴现中的风险贴水应当有所提高。

二、营销 ROI 在促销决策中的运用

营销 ROI 指标可运用于营销策略和营销战略的决策。基于 Lenskold（2002，2003）的研究，张雪兰和卢敏（2004）对 ROI 在促销决策中的运用进行了分析，此研究中提供的案例是帮助企业财务人员与营销人员有效地进行共同决策的范例。下文对该项研究中的相关内容进行介绍。

在实际的营销投资决策中，企业所面临的往往不是对一个营销投资方案的取舍，而是对多个不同投资水平下的营销投资方案的比较。此类决策就必须使用财务管理理论中的增量投资决策技术，即根据增量投资的 ROI 与 ROI 标杆的比较结果来确定最优的投资方案，而不能只根据不同投资方案的 ROI 大小来实施方案的优选工作。为说明营销投资项目比较决策的步骤和方法，张雪兰和卢敏（2004）提供了以下案例。

第一步：基本比较。

假定企业营销 ROI 标杆为 20%，现有三个可供选择的促销方案，经市场测试，所需预算及产生的收益（单位：元，下同）如表 8.1 所示。

表 8.1

	预算（投资）	利润净现值	净回报	ROI
促销方案 A	10000	11500	1500	15%
促销方案 B	10000	13500	3500	35%
促销方案 C	10000	13000	3000	30%

显然，B 方案的净回报和 ROI 最高，因而选择方案 B。

第二步：增值 ROI 比较。

对方案 B 分别进行附加赠品促销及不附加赠品的比较，结果 ROI 均超出标杆（见表 8.2）。

表 8.2

	预算（投资）	利润净现值	净回报	ROI
促销方案 B	10000	13500	3500	35%
促销方案 B 加赠品	12500	16250	3750	30%

对附加赠品的方案 B 的投资追加部分进行收益分析（见表 8.3）。

表 8.3

	预算（投资）	利润净现值	净回报	ROI
追加投资部分	2500	2750	250	10%

从计算结果可知，虽然附加赠品的方案 B 的收益率超过了 ROI

标杆,但其投资追加部分的收益并没有超过 ROI 标杆,故放弃附加赠品的方案。

考虑促销方案 C 在有无附加赠品状况下的收益,结果 ROI 也超出了 20% 的底线(见表 8.4)。

表 8.4

	预算(投资)	利润净现值	净回报	ROI
促销方案 C	10000	13000	3000	30%
促销方案 C 加赠品	12500	16100	3600	29%

对追加投资部分收益进行分析,其收益也超过 ROI 底线(见表 8.5)。

表 8.5

	预算(投资)	利润净现值	净回报	ROI
追加投资部分	2500	3100	600	24%

故接受方案 C 附加赠品,将其作为基本的促销方案之一。

第三步:聚合 ROI 分析。

由于方案 A 并未达到 ROI 标杆,此处测试其附加沟通渠道的收益。结果 ROI 超出 20% 的底线,故接受附加沟通渠道的方案 A,如表 8.6 所示。

表 8.6

	预算(投资)	利润净现值	净回报	ROI
促销方案 A 加渠道	19000	25000	6000	32%

第四步:不同投资水平下的 ROI 比较。

此时企业可选择的促销方案包括附加沟通渠道的方案 A、方案

B 和附加赠品的方案 C，如表 8.7 所示。

表 8.7

	预算（投资）	利润净现值	净回报	ROI
促销方案 A 加渠道	19000	25000	6000	32%
促销方案 B	10000	13500	3500	35%
促销方案 C 加赠品	12500	16100	3600	29%

从表 8.7 可以看出，方案 B 仍然是 ROI 最高的项目。然而，由于每个方案所需的预算（投资）不同，还需要进一步比较增值 ROI。附加沟通渠道的方案 A 与方案 B 的增值 ROI 比较如表 8.8 所示。

表 8.8

	预算（投资）	利润净现值	净回报	ROI
追加投资	9000	12500	2500	28%

显然，附加沟通渠道的方案 A 的追加投资部分超过了 20% 的 ROI 底线，因而相对方案 B 来说，附加沟通渠道的方案 A 是最优方案，将 B 和 C、C 和 A 进行两两比较的结果也证明了这一点。故企业应选择附加沟通渠道的方案 A 才能实现最佳的投资回报。

其实对于以上不同投资水平下 ROI 比较的结果，可以从单纯的逻辑推理中验证其正确性。假设企业准备将 19000 元用于营销投资，如果将其投入方案 B，则总投资中的 10000 元可获得的 ROI 是 35%，而剩余的 9000 元由于没有其他投资途径，最多只能获得 20% 的回报率（ROI 标杆值）。但是如果将 19000 元资金全部用于附加沟通渠道的方案 A 的投资，我们可以认为其中的 10000 元投资仍然可获得 35% 投资回报率，而剩余的 9000 元则可获得 28% 的投资回报率（追加投资的 ROI）。显然后者（35%+28% 的回报率）要优于前者（35%+20% 的回报率）。

第九章　营销与研发职能的协同

　　新产品开发历来是研发部门的主要职责，但是随着各领域的主流市场逐步向买方市场转化，顾客的观点及需求对新产品开发的成功变得越来越重要。由于营销人员是企业中最接近顾客的一个群体，他们的参与会在一定程度上增加新产品开发的成功几率，因此新产品开发是营销与研发部门的共同决策领域已成为业内人士的共识。本章首先论述了营销与研发部门的整合对新产品开发的意义，随后致力于寻求一个有效的整合机制，试图从营销与研发部门合作的角度管理营销与研发职能的共同决策领域。

第一节　营销与研发职能的合作价值和影响因素

一、营销与研发职能的合作和新产品开发绩效

　　在当今充满变革的社会中，新产品开发的成功是企业持续经营的重要支持，因此企业管理理论对新产品开发的成功因素给予了极大的关注。营销与研发部门的关系是新产品开发理论研究中的一个核心领域，近30年来，该领域的研究文献浩如烟海，表9.1归集了一些实证研究成果，它们既有来自于产业市场中的例子，也有来自于消费品市场中的例子；既涉及制造业中的企业，也涉及服务企业，因此具有较高的代表性。值得强调的是，这些使用不同方法以及不同样本类型的研究却基本上得出了一个共同的结论，即：新产品开发应当是营销与研发部门共同工作的领域，两部门间的良好合作是促进其成功的重要因素。

表 9.1　　　　　营销与研发部门的合作促进新产品
开发（NPD）成功的实证研究

研究者	样本	企业类型	研究结论
Cooper（1983）	58 个 NPD 项目	产业市场	平衡营销和研发投入的项目具有更高的成功率
Cooper（1984）	122 个企业	电子、重型设备、化工、原料企业	在平衡营销与研发的管理战略的企业中，NPD 成功率更高，来自新产品的销售比率也更高
Cooper 和 De Brentani（1991）	106 个 NPD 项目	金融服务业	企业的技术专家、管理人员与市场调研资源的协调程度与 NPD 项目的成功率显著相关（相关系数为 0.45）
Cooper 和 Kleinschmidt（1987）	125 个企业中的 203 个 NPD 项目	制造业	营销与技术人员的协作与 NPD 项目的成功显著相关
De Brentani（1992）	115 个企业中的 276 个 NPD 项目	金融服务、运输和通信业	营销与研发部门间的交流程度与新产品市场份额显著相关（0.38），与 NPD 中的成本节约显著相关（0.29）
Dougherty（1990）	5 个企业中的 18 个 NPD 项目	产业市场、消费品市场和服务业	成功的 NPD 项目比不成功的 NPD 项目有更多的部门间交流
Gupta、Raj 和 Wilemon（1985）	167 个企业中的 107 个研发部门经理、109 个营销经理	高新技术企业	营销与研究部门之间缺乏交流是阻碍 NPD 项目成功的最主要的障碍
Hise、O'Neal、Parauraman 和 McNeal（1990）	252 个营销副总裁	产业市场及消费品市场中的大型制造企业	新产品设计中营销与研发人员高水平的合作是该类产品成功的重要因素

研究者	样本	企业类型	研究结论
Moenaert、Souder、DeMeyer 和 Deschoolmeester（1994）	40 个比利时企业	高新技术企业	新产品成功与部门间合作以及研发部门所接受的信息程度均显著相关
Pelz 和 Andrews（1966）	1311 个研发人员和工程师	研发人员和工程师	他们认为与营销人员的合作对新产品成功有积极影响
Pinto 和 Pinto（1990）	72 个医院中的 262 人	健康服务	跨职能合作与项目成功间有显著相关性（相关系数为0.71）
Souder（1988）	56 个企业中的 289 个 NPD 项目	消费品市场和产业市场	营销与研发部门的协调程度越大，项目成功的可能性越大
Souder 和 Chakrabarti（1978）	18 个企业中的 117 个 NPD 项目	消费品市场和产业市场	新产品的技术与商业上的成功与部门间的合作、信息交流显著相关
Takeuchi 和 Nonaka（1986）	美国和日本的 6 个项目	消费品市场和产业市场	跨职能合作与自组织团队会导致新产品成功

二、现有的整合模型

（一）Gupta、Raj 和 Wilemon 的整合模型

Gupta、Raj 和 Wilemon（1986）提出了一个营销与研发部门的整合模型（见图 9.1），该模型回答了三个问题：一是营销与研发部门应当在多大程度上进行整合，且影响这种整合需求的因素有哪些；二是哪些因素会影响营销与研发部门的实际整合程度；三是营销与研发部门的整合如何影响新产品开发的成功。

1. 影响整合需求的因素

Gupta 等（1986）认为，组织的战略类型和所处环境的不确定

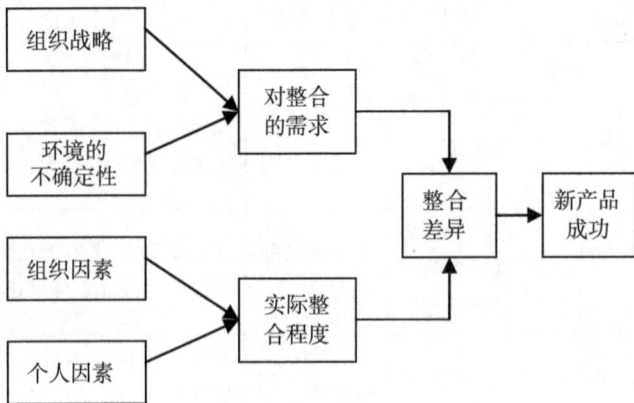

图 9.1 Gupta 等的整合模型

性影响了企业对营销与研发部门的整合需求。Miles 和 Snow（1978）根据革新程度的差异，将战略分为开拓型、分析型、防御型和反应型四种类型。每种类型的差异在于企业的目标和企业对新产品、市场及技术的熟悉程度有所不同。一个刚进入全新领域中的企业更需要获取关于产品、市场以及技术方面的信息以减少新产品开发的风险，而要获取这些新知识，就需要营销与技术部门有高程度的整合。因此，Gupta 等（1986）给出了一个假设，即：从开拓型到分析型到防御型再到反应型，这四种战略对营销与研发部门的整合需求是逐步降低的。

另一个影响整合需求的因素是组织所处环境的不确定性，包括竞争者战略的变化、顾客对新产品的需求、技术变化、新竞争者出现的可能性以及政府对产业管制状况的变化等。"环境的不确定性越高，组织对信息的需求程度就会越高，因此也就越需要组织中的各个子系统更好地合作"（Achrol，Reeve & Sterm，1983；Galbraith，1977；Galbraith & Nathanson，1978；Khandwalla，1972）。因此，Gupta 等给出的第二个假设是：企业所处环境的不确定性越高，对营销与研发部门整合的需求也就越大。

2. 影响实际整合程度的因素

　　Gupta 等（1986）认为，组织结构的特征、高层管理者对整合的态度、在新产品开发过程中营销与研发部门管理者的社会文化差异这三个因素都会影响两部门的实际整合程度。

　　组织行为学家通常以复杂性、正规性以及集权程度等词汇来描述组织结构。复杂性是指组织中各部门的专业化程度。正规性是指"组织章程对地位、职权关系、沟通、规则以及程序予以限定的程度"（Hall, Haas & Johnson, 1967）。集权程度则被定义为"组织决策制定时的授权程度和组织成员的参与程度"（Aiken & Hage, 1968）。Gupta 等（1986）综合了众多学者的观点，针对组织结构的复杂性、正规性和集权程度提出了以下假设：

　　◆ 组织的复杂性越低，可能获得的整合程度越高。
　　◆ 组织的正规性越高，可能获得的整合程度越低。
　　◆ 组织的集权程度越低，可能获得的整合程度越高。

　　高层管理者至少在以下几个方面的态度会影响到整合程度。首先是他们对风险的态度，如果高管更具有企业家精神，能够容忍暂时的失败，能够平衡企业的长期和短期利益，将更利于部门关系的整合；其次，高层管理者对报酬系统的态度也很重要，他们如果愿意调整传统的报酬，建立一个营销与研发部门的联合报酬系统，将对整合效果产生积极影响；最后，高层管理者是否意识到整合的重要性也很关键，如果他们认为营销与研发的合作可有可无，要取得高的整合程度将非常困难。

　　Gupta 等（1986）将营销人员与研发部门的技术人员在社会文化上的差异也列为影响整合程度的一个因素，这些差异包括两组人员对专业的不同看法、对官僚主义及不确定性的态度以及对新产品开发项目的不同偏好等多个方面。

　　3. 整合如何影响新产品开发

　　在模型中，Gupta 等（1986）还强调了整合对新产品开发的影响机制。他们认为，整合程度与新产品开发项目的成功并不直接相关。也就是说，营销与研发部门整合程度越高并不意味着新产品开发项目越容易成功，而需要将企业对整合的需求与可能获得的实际整合程度进行比较，如果两者的吻合度较高，则新产品开发项目成功的可能性就越大。

（二）Ruekert 和 Walker 的整合模型

Ruekert 和 Walker（1987）的研究与 Gupta 等（1986）的研究有所区别，他们发展的整合模型具有更广的范围，涉及营销与组织中其他所有部门的整合。该模型分别由环境维度、结构/过程维度、产出维度三个部分构成（见图 9.2）。

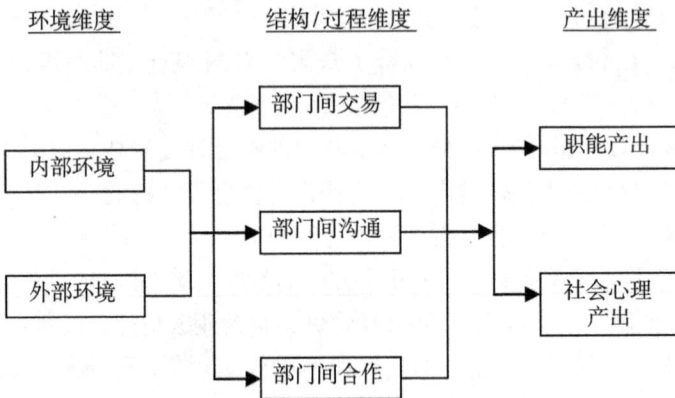

图 9.2　Ruekert 和 Walker 的整合模型

环境维度中的内部环境包括各部门资源的依赖程度、范畴的类似度和组织战略对部门整合是否需要这三个因素，外部环境则包括外部环境的复杂性和变化性。在结构/过程维度中，营销与其他部门的交易包括：部门间资源的流动；工作的流动，即指营销人员承担了其他的部门职能，或其他部门人员承担了部分营销职能；营销与其他部门之间的相互帮助，例如部门之间的技术支持或人员服务。营销与其他部门间的沟通包括：沟通的次数、沟通的难度以及沟通的形式（正式或非正式）。营销与其他部门的合作模式包括：正式的规则和过程、非正式的影响以及冲突解决机制。Ruekert 和 Walker（1987）的整合模型中的产出维度是指部门整合的后果，包括功能产出和社会心理产出两个部分。前者是指部门间的整合对各个职能各自的目标以及各职能共同目标实现程度的影响，后者则是指整合对部门间冲突以及可感知的部门关系所造成的影响。

Gupta 等（1986）的模型对营销与研发部门的分析是建立在企业层面的，对整合工作具有一定的战略指导意义，但是对营销与研发部门在某一新产品开发项目层面上的整合并不能提供太多的帮助。Ruekert 和 Walker（1987）的模型涉及的是营销与组织中所有部门的关系问题，提供了一个分析部门间关系的良好框架，但是该模型的主要目的在于识别营销应当与哪些部门发展何种程度的合作关系，并没有提供整合研发与营销部门的方法。因此，本研究借用 Ruekert 和 Walker 模型的框架，并综合 Gupta 等模型中的观点，提供一个项目层面上的营销与研发部门的整合路线图。

第二节　促进营销与研发合作的路线图模型

一、营销与研发部门合作的障碍

正因为营销与研发部门的合作会促进新产品开发的成功，因此有必要识别在营销与研发部门的良好合作中可能存在的一些障碍。本书认为，这些障碍主要包括以下几个方面：

1. 个性差异

一些早期的研究文献（Saxberg 和 Slocum，1968）认为，营销人员与研发部门的技术人员往往在个性上具有差异。技术人员以对科学的好奇心和超然的地位而自豪，而营销人员则以对世界有实际的了解而自豪。营销人员认为技术人员不切实际，搞空头理论，带有狂想，不懂得做生意；而技术人员则认为营销人员是惯于耍花招的唯利是图的商贩。但是最近的一些研究成果证实，在大多数情况下，技术人员与研发人员的个性本身并没有太大的差异，可怕的是当双方都认为彼此个性存在差异时（尽管这不一定是事实），往往会削弱相互之间沟通的欲望。

2. 文化背景导致的世界观差异

尽管营销人员与技术人员的个性不一定存在差异，但是由于他们长期生活在不同的文化背景之下，世界观往往会有所不同。营销人员通常毕业于人文背景更为浓厚的商学院，他们经常面对市场，对事物的模糊性及世界中存在的官僚主义具有更大的容忍度，更喜欢循序渐进的新产品计划。技术人员则通常来自于更强调专业精神的工科学校，他们往往追求精确，对官僚行为难以容忍，更喜欢有颠覆式突破的新产品计划。由于毕业以后，营销人员与技术人员仍然生活在具有文化差异工作环境中，这些世界观的差异可能得到进一步加强，从而给营销人员与技术人员的合作制造了障碍。

3. 语言差异

不同的工作环境还会导致营销人员与技术人员在工作术语上存在一些差别，这会影响到双方的沟通质量，从而进一步影响到新产品的成功率，因为当营销人员向技术人员传递顾客需求时，语言上的细微差别都可能导致解决方案存在较大的差异。例如对于生产洗衣粉的企业，营销人员也许发现顾客希望"将衣服洗得更干净些"，这种表述对于设计广告战略也许是足够的，但是对于技术人员寻求更好的解决方案而言则显然是不清晰的。因为研发人员希望知道顾客指的是哪种类型的衣物、哪种类型的污渍，以及使用哪种类型的水，而且顾客对干净程度的判断标准的不同也会导致解决方案存在差异。

4. 组织障碍

阻碍营销及研发部门合作的组织障碍往往是难以避免的，它可能包括营销与研发部门的权力差异、营销与研究部门对新产品业绩测量的指标难以调和（是市场份额还是专利数量），以及高层管理者对两部门的合作缺乏足够的支持力度。即使企业的高层管理者意识到整合营销与研发的重要性，并试图对以上的这些问题设法加以解决，这种解决行为的本身又意味着组织的变革，组织中部分成员依赖于传统模式的惯性所导致的对变革的抵制行为又会成为阻碍营销与研发部门合作的新的障碍。

5. 地理位置障碍

一些学者认为，营销部门与研发部门办公地点的距离也会影响双方的交流和合作。但是有人却认为现代通信技术的飞速发展似乎使这一担忧成为历史。

二、路线图模型：营销与研发部门的整合

参照 Ruekert 和 Walker（1987）的方法，本书提出的路线图模型由环境维度、结构/过程维度和产出维度这三个部分构成（见图9.3）。通过环境维度可以认识到营销与研发部门的合作程度取决于新产品开发计划的特征及所处的企业内外环境；结构/过程维度则反映了整合营销与研发部门的各种行为，这些行为的实施力度又取决于企业对研发与营销部门的合作程度的需求；产出维度测量的是营销与研发部门的合作对新产品开发最终及中间结果的影响程度。

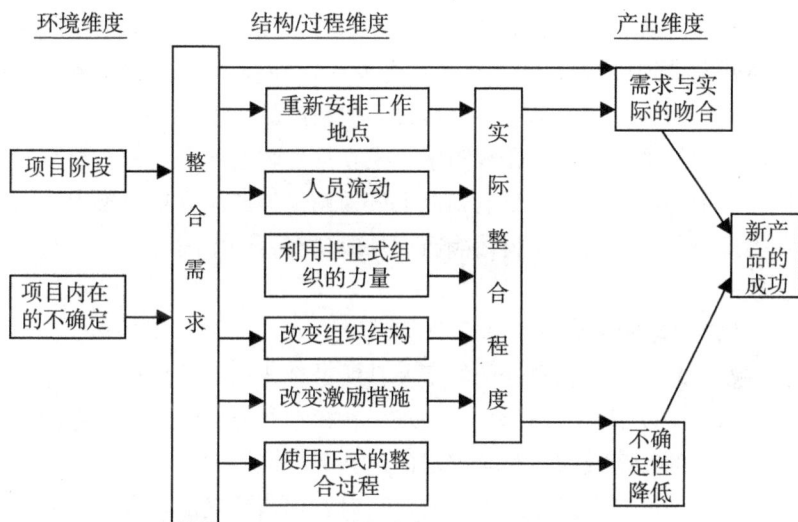

图9.3　营销与研发部门整合的路线图模型

（一）产出维度

营销与研发部门合作所希望的产出就是新产品开发计划的成功，但是衡量新产品开发成功与否的指标却有很多种。美国产品开发和管理协会（PDMA）的研究小组通过大量的文献回顾和实际调研，将测量新产品成功的指标划分为五种类型，即：市场指标

185

(如市场份额、顾客满意)、财务指标(如利润目标、边际收益)、过程指标(如技术绩效、研发时间)、公司层面测量指标(如新产品销售额占企业总销售额的比例)以及项目层面测量指标(如新产品计划达到预定目标的程度)。PDMA还认为,衡量一个新产品项目成功与否至少应当综合以上五类指标中的三种类型来进行考虑,因此对于可能同时影响这五类指标中任何三类指标的因素应当予以特别关注。

在模型的产出维度中,"营销与研发部门的实际合作程度与新产品开发计划所需求的合作程度之间的吻合度"(变量1)以及"减少开发计划中的内在不确定性"(变量2)是影响新产品开发计划成功与否的两个重要中间变量。变量1涉及营销与研发部门的整合成本,从而会影响新产品开发计划的总成本;变量2则涉及新产品开发计划中所选用的产品(或服务)和技术是否能够满足顾客需求,因为一个不确定性因素过多的新产品开发计划显然很难在可盈利性的基础上满足顾客需求。很容易理解这两个变量所涉及的任何一个问题都至少会影响到以上五种衡量新产品成功因素中的三种类型,因此将它们作为影响新产品成功与否的中间变量,显然是合理的。

(二) 环境维度

新产品开发计划自身的特征及其所处企业的内外部环境决定了对营销与研发部门合作程度的需求,在模型的环境维度中,包含了开发计划的特征及影响整合需求的内外部环境因素。

在新产品开发过程的不同阶段,对营销与研发部门合作程度的需求是有差异的。例如,在新产品开发的早期(目标市场的识别、产品概念的发展和选择、产品特性的定义等),会更需要营销与研发部门密切地合作,而在产品开发的末期,尽管研发部门仍然需要与其他部门加强合作(如工程部门、制造部门),但是此时与营销部门的合作就显得并不那么重要。

项目自身的不确定性也会增加开发计划对营销与研发部门合作的需求。项目的不确定性可以分为市场的不确定性和技术的不确定性两个方面(见图9.4、图9.5)。市场的不确定性与顾客和竞争者有关。一般而言，企业当前的每一种产品都会满足特定顾客的特定需求。一种新产品如果满足的只是当前顾客的同样需求，该产品开发计划将具有最低的市场不确定性；而当新产品满足的是当前顾客的扩展需求或是新的顾客群体的同样需求时，此类开发计划的市场风险就会有所增加；而当企业为满足新的顾客群体的新的需求种类而开发新产品时，这样的开发计划将具有很大的市场不确定性。

顾客需求类型

顾客群体		新	旧
	新	高度不确定性	中度不确定性
	旧	中度不确定性	低度不确定性

图9.4　市场的不确定性

对企业而言产品特性（或生产技术）的新颖度

对市场而言产品特性（或生产技术）的新颖度		新	旧
	新	高度不确定性	中度不确定性
	旧	中度不确定性	低度不确定性

图9.5　技术的不确定性

同理，企业中的每一种产品为达到满足顾客需求的目的，都具备了特定的产品功能和使用了特定的生产技术。如果某种新产品与企业的某种现有产品具有同样的产品功能，且使用相同的生产技术，那么此类新产品的开发计划将具有最小的技术风险；而当新产品所具有的产品功能及（或）使用的生产技术对企业而言是新的，但在市场上的其他企业中已存在，此类开发计划的技术风险则会有所增加；最后，当企业开发的新产品所具备的功能及所使用的技术对整个市场而言都是全新的时候，新产品开发计划将会具有很高的技术不确定性。

从以上分析中可以看到，对于一个具有较低不确定性的新产品开发计划而言，企业面对的将是类似的市场、类似的需求，以及使用的也是类似的技术。此时的新产品开发过程只是循序渐进的变革，营销与研发部门的合作也会因此而显得不那么重要，特别是在市场及技术的发展相对缓慢的产业，这种现象尤为明显。不幸的是，在大多数产业中，市场需求与技术都发展迅速，因而对营销与研发部门的合作需求就会更为强烈，以下对模型"结构/过程维度"的分析，将从多个方面阐述可能促进营销与研发部门合作的方法。

（三）结构/过程维度

模型的结构/过程维度提供了6种促进营销与研发部门合作的方法，它们分别是：

➢ 对工作地点的重新安排。

➢ 人员流动。

➢ 利用非正式组织的力量。

➢ 改变组织结构。

➢ 改变激励措施。

➢ 使用正式的整合过程。

下文将对这6种方法的适用环境及它们对营销与研发部门合作关系的影响作详细描述。

1. 对工作地点的重新安排

地理上的距离会影响交流的频率及效果，因此可以通过对营销与研发部门工作地点的重新安排来消除地理位置方面的障碍。克莱斯勒公司曾通过重新安排部门的办公地点来促进部门间的交流。

尽管现代通信技术的高速发展在一定程度上消除了交流的地理障碍，但是有研究表明，有效的交流往往发生在非正式组织或非正式的会谈中。在同一地点办公，会使得营销人员与研发部门的技术人员增加非正式接触的机会，这不仅可能增加双方交流的信息量，还有可能在一定程度上增加双方的信任度（如通过私下交朋友的方式）。但是应当认识到，统一办公地点这种行为本身并不会直接地导致部门关系的融洽，它只是为良好的合作创造了一个机会而已，要促进营销与研发部门的合作还必须在其他方面做出努力。

2. 人员流动

部门间的人员流动是促进部门合作的另一种有效手段。在很多公司，研发和营销部门的人员经常会实行轮岗，这在一定程度上减少了营销人员与技术人员在世界观以及语言上可能存在的差异。

但是营销人员与研发人员在专业上存在的较大差异往往使得两部门间的人员流动并不适合于所有的新产品开发项目。本书认为，新产品开发计划自身的不确定性会在很大程度上影响营销与研发部门之间的人员流动问题。Moenaert 和 Souder（1990）在研究部门间人员流动时提出了角色灵活性（role flexibility）这一概念，即研发的角色灵活性是指研发人员可能完成一些营销工作的程度（如主动接触顾客，了解顾客需求及建议）；营销的角色灵活性则是指营销人员可能参与产品研发的程度（如产品的实验室测试，包装的改进等）。因此，可借用角色灵活性这一概念深入分析新产品计划的不确定性对营销与研发部门间的人员流动可能造成的影响。

如上所述，新产品计划的不确定性包含市场不确定性和技术不确定性两个方面，根据这两个维度，可以将新产品计划分为四种类型（见图9.6），计划类型的不同将会导致企业中营销的角色灵活性和研发的角色灵活性发生变化。

技术不确定性

	高	低
市场高不确定性	A 营销的角色灵活性低 研发的角色灵活性低	B 营销的角色灵活性高 研发的角色灵活性低
低	C 营销的角色灵活性低 研发的角色灵活性高	D 营销的角色灵活性高 研发的角色灵活性高

图 9.6　新产品开发计划的不确定性对人员流动的影响

　　A 类新产品在市场和技术两个方面都具有较高的不确定性，由于它并不是企业熟悉的技术范围，因此营销人员不可能在研发中承担技术人员的工作；同时，由于企业面对的是风险更高的市场，对顾客需求的了解需要系统的、更为复杂的营销努力，而且并没有现有的市场经验可以借鉴，因此研发人员也难以扮演营销人员的角色。所以针对此类新产品开发计划的人员交流难以实现。

　　B 类新产品的市场风险较高，但技术方面的不确定性却较低。由于产品的功能与生产技术变化较小，富有经验的营销人员可能可以完成部分简单的研发工作，但是由于需求及竞争的变化较大，市场信息的收集及沟通工作会更为复杂，因此研发人员的角色灵活性会更低。同理可推出，在 C 类新产品计划中，营销的角色灵活性较低，而研发的角色灵活性较高；D 类新产品计划中，由于市场及技术两个方面均较为稳定，为营销与研发部门间的人员流动创造了一定的条件。

　　3. 利用非正式组织的力量

　　非正式的接触往往是正式的新产品开发计划的补充，很多技术人员及营销人员都声称，正式的交流并不是影响新产品决策的首要方法。因此，在促进营销与研发部门的合作时，要充分利用非正式组织的力量。巴纳德指出，人们并不在一个正式组织中或并不受其管辖时，仍然常常接触和相互作用，而人们的这种接触、相互作用和聚集的总和就形成了非正式组织。非正式组织的一个重要的后果是使人们形成一定的态度、理念、风俗、习惯和习俗，它的一项不可或缺的职能就是信息交流。更为重要的是，这种非正式的信息交流所鼓励的是一种更为开放的交流模式，它可以在一定程度上消除营销人员与研发人员世界观和语言的差异以及消除双方之间可能存在的成见。

　　4. 组织结构

　　Gupta 和 Wilemon（1988）对 80 个技术密集型企业进行研究后发现，有六种组织特征与营销和研发部门的合作与信任密切相关。因此，一个能够促进这两个部门良好合作的有效的组织机构应当具备这六种特征（见表 9.2）。

表9.2 促进合作的组织特征

组织特征	组织特征的含义
协调的操作	两部门共同讨论 NPD 中的重要主题，合作初期就致力于解决冲突
正规化	清晰的业绩标准、明确的职责、良好定义的操作手册
分权	对 NPD 开发过程的各个环节充分授权
革新	支持新想法、容忍失败、对变革积极响应
合作的价值观	经常提供交流观点和意见的机会
荣辱与共	部门间共同分享成功，在失败时不相互推诿

致力于营销与研发部门合作问题研究的一些早期研究者，如 Souder 等（1978），建议任命一个项目经理来管理新产品开发计划会有助于促进营销与研发部门的合作。高层管理者任命的这个项目经理起着营销与研发部门之间的桥梁作用，并且对项目最终的成败负责。但是能够顺利驾驭营销与研发两部门的项目经理人选在企业中并不多见。Souder 等学者（1980）在后续研究中又提出的另一个解决方案，即同时任命一个营销人员和一个技术人员共同负责新产品开发计划，并给予他们很高的自主权。如果这两位负责人能够很好地合作的话，那么他们对部门中其他人员之间的合作将起到很大的促进作用。

20 世纪 80 年代后期以来，在促进营销与研发部门的合作方面，又出现了两种颇受青睐的组织结构类型，分别是：统筹小组（coordinating groups）、基于矩阵式组织的跨职能工作小组。

统筹小组是指在组织中建立一个管理跨职能关系的永久性小组，小组成员由具有平衡观念的复合型人才组成，因此小组成员可以和不同职能部门的专家共同沟通和工作，在新产品开发过程中既有利于部门间的交流，又可以起到监督作用。Lorsch 和 Lawrence（1965）通过案例研究发现，当新产品开发项目具有较大的不确定性时（市场风险或技术风险，至少两者居其一），建立了统筹小组的公司更容易获得成功。

矩阵式组织是为了改进直线职能制横向联系差、缺乏弹性的缺点而形成的一种组织形式。它的特点是围绕某项专门任务成立跨职能部门的专门机构。例如组成一个专门的产品（项目）小组去从事新产品开发工作，在研究、设计、试验、制造各个不同阶段，由有关部门派人参加，力图做到条块结合，以协调有关部门的活动，保证任务的完成。这种组织结构形式是固定的，人员却是变动的，需要谁，谁就来，任务完成后就可以离开。项目小组和负责人也是临时组织和委任的，任务完成后就解散，有关人员回原单位工作。因此，这种组织结构非常适用于横向协作和攻关项目。

矩阵结构的优点是：机动、灵活，可随项目的开发与结束进行组织或解散。由于这种结构是根据项目组织的，任务清楚，目的明确，各方面有专长的人都是有备而来，因此在新的工作小组里，能沟通、融合，能把自己的工作和整体工作联系在一起，为攻克难关，解决问题而献计献策。矩阵结构的缺点是：项目负责人的责任大于权力，因为参加项目的人员都来自不同部门，隶属关系仍在原单位，只是为"会战"而来，如果没有足够的激励手段与惩治手段，项目负责人就难以进行管理；此外，由于项目组成人员来自各个职能部门，当任务完成以后，仍要回原单位，因而容易产生临时观念，对工作有一定影响。

5. 激励机制

在当前的很多企业中，营销与研发部门人员的业绩测量都是独立进行的。营销人员会因为产品市场份额的增加而获得奖励，而不管市场份额增加的原因是什么；研发人员则会因为技术方面的进展（如专利、发表的文章）而得到回报，而不管新的技术是否会为企业带来更好的利润或市场份额。这种类型的激励机制导致各部门人员的报酬仅仅和本部门的业绩相关，从而使得各部门为了各自的利益展开竞争，必然会在一定程度上影响到部门之间的合作。因此，应当发展一种能够体现部门间相互依赖性的激励系统。

6. 正式的整合管理过程

企业可以利用非正式组织的作用来促进营销与研发部门的交流，但是这两个部门在就某一个具体的新产品开发项目进行合作时，还必须依靠一个正式的管理过程。因为一个正式的管理过程可以明确地规定两部门中的谁在何时应当完成何种任务，没有这种明确的任务确定，部门间的合作也就失去了实质性的内容。当前，在新产品开发领域，整合研发与营销部门的一种较为流行的方法是质量功能展开法（Quality Function Deployment，QFD），以下对 QFD 法做简要介绍。

QFD 法是一种保证顾客需求在设计的全过程中都能被满足的方法，是使用户的需求在设计、制造和营销过程中相互协调的通信工具。它于 20 世纪 70 年代初起源于日本，被三菱重工的神户造船厂成功地应用于船舶设计与制造中。70 年代中期，QFD 相继被其他日本公司采用。丰田公司于 70 年代后期使用了 QFD 法后，取得了巨大的经济效益，新产品开发启动成本下降了 61%，产品开发周期缩短了 1/3，同时产品质量也得到了很好的改进。80 年代中期，QFD 法被介绍到欧美，迅速引起了学术界和工业界的研究和应用。由于它在提高产品质量、缩短产品开发周期、降低产品成本以及增加顾客满意度等方面均有不俗的表现，因此，多年以来，它的应用范围和领域不断地扩大，福特、通用汽车、惠普、施乐、电话电报公司等各大企业都相继使用了这种方法。

QFD 法的实质就是对用户的需求进行系统的分解，经典的 QFD 模型是由美国供应商协会（American Supplier Institute）提供的（见图 9.7）。这一模型以美国学者 Hauser 和 Clausing 提出的质量屋为工具，将顾客需求的分解过程分为产品设规划、零部件设计、工艺规划和生产规划四个阶段，每一个分解阶段都将产生一个质量屋，上一步的输出就是下一步的输入。来自顾客的原始需求由产品规划阶段质量屋转换成为工程特征要求，即通常意义上的工程设计目标要求，工程特征要求经零部件设计阶段质量屋转换成零部件特征要求，零部件特征要求由工艺规划阶段质量屋转换成对制造工艺的要求，制造工艺要求最后由生产计划阶段的质量屋转换成具体的生产要求，市场顾客需求通过这样多层次的演绎分析，最终由生产要求来满足。下面将通过对第一座质量屋（产品规划阶段）构建过程的介绍来了解在 QFD 法中，营销与研发部门如何合作。

193

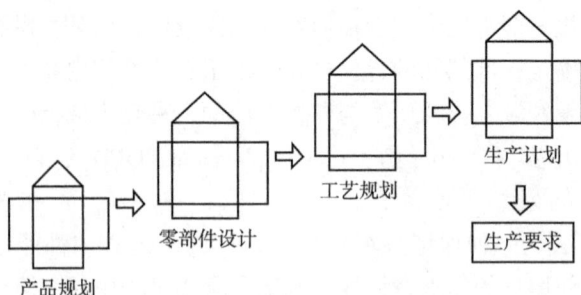

图 9.7　QFD 过程

建立产品规划的质量屋需要经历以下六个步骤：

步骤一：鉴别顾客需求。本步骤的目的是了解顾客对产品的需求特征。在这一阶段，企业应当通过可靠的途径，收集用户的需求信息，这些途径包括正式的市场调研、特定用户调查以及听取销售人员和售后服务的反馈意见等。由于这一阶段是 QFD 的基础，所以它对保证用户观点的实现尤为重要。

步骤二：确定产品特性。这一步骤的任务是将用户的特征要求转化为产品特性，这些特性必须用研发技术人员的语言来表达，并且是可以度量的。产品特性之间的联系也应当被定义，它表明一个特性的变化可能对另一种特性造成的影响。

步骤三：建立关系矩阵。本步骤的目的是建立用户特征和产品特性之间的关系矩阵，单个用户特征可能与多种产品特性有关，据此可能鉴别出目前还没有用产品特性标名的用户特征。

步骤四：用户需求重要性和竞争性估计。这一步骤的任务是鉴别出每一个用户特征的重要程度和估计出同类产品在每一个质量特征上的竞争力。这一工作能够使研发人员的注意力集中在竞争者具有优势的地方，也可以使营销人员的注意力集中到组织自身的优势。

步骤五：产品特性的竞争性比较。本步骤的目的是估计出竞争产品的产品特性，并对本公司的产品进行正式的产品测试，然后将测试结果与竞争对手的产品特性进行比较。一些重要的差别在这一步骤中应当被发现，但需要注意的是，有些差别可能是由于测试中的误差所造成的。

步骤六：确定重要的产品特性。根据以上步骤的工作，在本步骤中就可以确定哪些是关键的产品特性。它们可能是强的价格优势、弱的操作性能，或者是与用户的需求紧密相连。假如这些特性在设计、制造和销售过程中被扩展，那么用户就会得到具有他们所说的"质量"的产品。

经过以上六个步骤，即可建立第一座"质量屋"，其模型如图9.8所示。上述质量屋反映的是从用户特征到产品特性的过程，而使用类似的方法，就可以建立图9.7中的另外三座质量屋，分别是：从产品特性到零部件特性、从零部件特性到工艺过程以及从工艺过程到生产计划。顾客需求特征经过了这一流程的转换，企业所生产的产品就可以较好地满足顾客的需求。

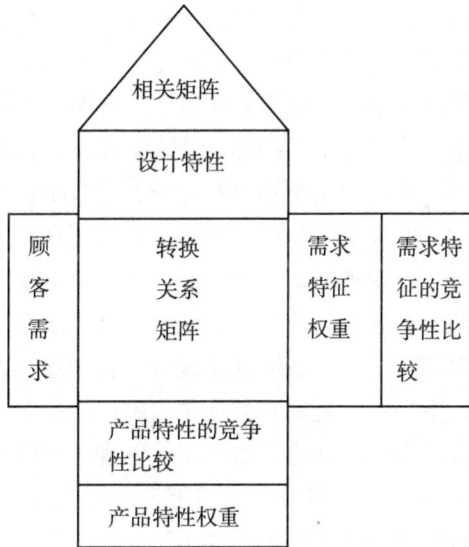

图9.8　产品规划质量屋

结　语

　　本书旨在对现有的内部营销理论进行一个较为系统的拓展研究，以弥补该理论中存在的一些问题，并希望能对企业的内部营销实践提供一些更具操作性的建议。本书尝试构筑了一个包含营销哲学、营销职能和宏观营销这三个不同维度的内部营销理论框架，并在这一框架的基础上，着重对建立市场导向的组织、营销技术在内部管理中的运用以及营销与其他职能部门的关系管理这三个问题进行了深入的探讨。

　　本书的贡献主要体现在几个方面。首先，我们将建立市场导向组织的内部活动纳入内部营销理论框架之下，并强调了内部市场导向与外部市场导向的平衡，这不仅丰富了内部营销的内容，而且还弥补了传统的市场导向理论的缺陷；其次，在分析营销技术在内部管理中的运用时，本书使用交易成本分析，对营销技术在人力资源管理中的适用性问题提出了自己的见解，同时还在前人研究的基础上开发了一套促进企业战略实施的内部营销工具；最后，本书拓展了内部关系营销的内容，将营销与其他职能部门之间的关系管理纳入内部营销的框架之下。本研究在系统分析营销与其他职能部门之间的关系的基础上识别了营销与其他部门的共同决策领域，并探讨了如何管理这些结合面的问题。这些工作在理论上将进一步深化内部营销的研究内容，在实践方面也将有利于促进企业中的部门合作，从而进一步促进企业战略的顺利实施。

　　综合而言，本书的创新点主要有以下三个方面：

　　①构筑了一个扩展的内部营销理论框架，为完善内部营销理论体系奠定了基础；

　　②从交易成本的角度分析了营销技术在企业内部管理中的适用

性问题；

③系统地分析了市场与销售职能、营销与人力资源管理、营销与财务管理以及营销与研发职能的协同问题，对整合这些部门的关系提供了更具操作意义的建议。

然而，本书也存在着诸多不足。尽管内部营销理论经过了30多年的发展，但学术界尚未对它形成一个统一的认识，在管理实践领域的应用也并不普遍。因此，试图构筑一个理论框架是一项困难的工作，也只是一家之言。同时，本书基于营销的三个特性构筑了内部营销理论框架，但是由于缺少足够的研究资料，对宏观营销层面的内部营销，我们并没有进行深入研究，这对理论框架的完整性而言不能不说是一个缺憾。本书的另一个重要缺陷是相关观点尚未被实验研究所检验，后续工作应当补足这一短板。

参 考 文 献

1. 甘碧群. 宏观市场营销研究. 武汉大学出版社，1994.

2. 张维迎. 企业理论与中国企业改革. 北京大学出版社，1999.

3. 丹尼斯·J. 克希尔. 内部营销——你的公司的下一个增长阶段. 刘京安，臧恒佳，译. 机械工业出版社，1999.

4. 小威廉·D. 佩罗特，尤金尼·E. 麦卡锡. 基础营销学（学生版）. 梅清豪，周安柱，译. 上海人民出版社，2000.

5. C. I. 巴纳德. 经理人的职能. 孙耀军，等，译. 中国社会科学出版社，1997.

6. 菲利普·科特勒. 营销管理（第10版英文影印本）. 清华大学出版社，2001.

7. 路易斯·普特曼，兰德尔·克罗茨纳，等. 企业的经济性质. 孙经纬，译. 上海财经出版社，2000.

8. 埃瑞克·G. 菲吕博顿，鲁道夫·瑞切特. 新制度经济学. 孙经纬，译. 上海财经出版社，2002.

9. 迈克尔·J. 贝克. 市场营销百科. 李垣，等，译. 辽宁教育出版社，1998.

10. 加里·德斯勒·人力资源管理（第六版）. 刘昕，吴雯芳，等，译. 中国人民大学出版社，1999.

11. B. M. 恩尼斯，等. 营销学经典——权威论文集. 郑琦，等，译. 东北财经大学出版社，2000.

12. 小卡尔·迈克丹尼尔，罗杰·盖兹. 当代市场调研. 范秀成，等，译. 机械工业出版社，1999.

13. 彼得·圣吉. 第五项修炼. 郭进隆，译. 上海三联书店，1998.

14. Lovelock C. H.. 服务营销（第三版）. 陆雄文，庄莉，主译.

中国人民大学出版社、Prentice Hall 出版公司，2001.

15. Grönroos C.. 服务管理与营销：基于顾客关系的管理策略（第 2 版）. 韩经纶，等，译. 电子工业出版社，2002.

16. Bossidy L.，Charan R.. 执行——如何完成任务的学问. 刘祥亚，译. 机械工业出版社，2003.

17. 保罗·托马斯，大卫·伯恩. 执行力. 白山，译. 中国长安出版社，2003.

18. 戴维·沃特斯，麦克尔·哈勒迪. 营销与财务——寻求企业最优经营的结合点. 马晓萍，译. 企业管理出版社，2001.

19. B. H. 斯密特，等. 体验营销——销售的革命. 周兆晴，译. 广西民族出版社，2003.

20. B. 约瑟夫·派恩，詹姆斯·H. 吉尔摩. 体验经济. 夏业良，鲁炜，等，译. 机械工业出版社，2002.

21. 伯恩特·H. 施密特. 体验式营销. 刘银娜，等，译. 中国三峡出版社，2001.

22. 黄静. 内部营销与以人为本的企业文化. 经济管理，2001 (4).

23. 黄晶. 对服务业中内部营销管理的探索. 旅游学刊，1994 (5).

24. 曾小波. 论保险企业内部营销与服务文化建设. 保险研究，2001 (2).

25. 范秀成. 论营销学理论和方法在企业内部的应用. 科学管理研究，1998 (3).

26. 周雪平，陈若阳. 质疑电信业的全员营销. 中国营销传播网，2002.

27. 宋思根. 内部营销与人力资源管理关系论. 中国营销传播网，2002.

28. 段燚. 以内部营销推进全面质量管理. 中国营销传播网，2002.

29. 王更新，韩之俊. 提高产品设计质量的质量功能展开法（QFD 法）. 价值工程，1998 (6).

30. 汪涛，崔国华. 经济演进背景下体验营销的解读和构建. 经济管理，2003（20）.

31. 崔国华．以体验观点构建的内部营销框架．经济管理，2003
（8）.

32. 刘凤军，雷丙寅，王艳霞．体验经济时代的消费需求及营销战
略．中国工业经济，2002（8）.

33. 甘碧群，张雪兰．基于投资回报的营销绩效衡量体系．经济管
理，2004（12）.

34. Ahmed P. K., Rafiq M.. internal marketing – Tools and concepts
for customer-focused management. Butterworth-Heinemann, 2002.

35. Berry L. L., Parasuraman A.. Marketing Services: Competing
Through Quality. The Free Press, 1991.

36. Berry L. L.. The power of internal marketing. Good Reading Books,
1996.

37. Deshpandé R.. Developing a market orientation. SAGE
Publications, 1999.

38. Dunmore M.. Inside-out marketing, how to create an internal
marketing strategy. Kogan Page Limited, 2002.

39. Lenskold J. D.. Marketing ROI : The Path to Campaign, Customer,
and Corporate Profitability. McGraw-Hill, 2003.

40. Payne A.. Advances in Relationship Marketing. Kogan Page Ltd.,
1995.

41. Payne A., Martin Christopher, Moira Clark, Helen Peck.
Relationship Marketing for Competitive Advantage. Butterworth-
Heinemann, 1995.

42. Varey R. J., Lewis B. R.. Internal marketing: directions for
management. Routledge, Taylor & Francis Group, 2000.

43. Zeithaml V. A., Bitner M. J.. Services Marketing. McGraw-Hill,
1996.

44. Avlonitis G. J., Gounaris S. P.. Market orientation and its
determinants: An empirical analysis. European Journal of
Marketing, 1999, 33（11/12）: 1003-1037.

45. Azzolini M. , Shillaber J. . Internal service quality: winning from the inside out. Quality Progress, 1993, 11: 75-78.

46. Balantyne D. . Internal relationship marketing: a strategy for knowledge renewal. International journal of bank marketing, 2000, 18/6: 274-286.

47. Ballantyne D. . Internal networks for internal marketing. Journal of marketing management, 1997, 13: 343-366.

48. Berry, L. L. . The employee as a customer. Journal of Retail Banking, 1981, 3: 33-44.

49. Bitner M. J. , Booms B. H. , Mohr L. A. . Critical service encounters: the employee's viewpoint. Journal of Marketing, 1994, 58 (4): 95-106.

50. Bitner M. J. , Booms B. H. , Tetreault M. S. . Theservice encounter: diagnosing favorable and unfavorable incidents. Journal of Marketing 1990, 45: 71-84.

51. Bowen D. E. , Jones G. R. . Transaction cost analysis of service organization-customer exchange. Academy of Management Review, 1986, 119 (2): 428-441.

52. Bowen D. E. , Lawler E. E. Ⅲ . The empowerment of service workers: what, why, when, and how. Sloan Management Review, 1992, Spring: 31-39.

53. Brooks D. F. , Smith J. V. . Service from within. TQM Journal, 1993, October: 41-45.

54. Brown S. P. , Peterson R. A. . Antecedents andconsequences of salesperson job satisfaction: meta-analysis and causal effects. Journal of Marketing Research, 1993, 30 (February): 63-77.

55. Brown S. W. , Bond E. U. . The internal Market/External market framework and service quality: toward theory in services marketing. Journal of Marketing Management, 1995, 11: 25-39.

56. Buttle F. . SERVQUAL: review, critique, research agenda. European Journal of Marketing, 1996, 30 (1): 8-32.

57. Cahill D. J.. The managerial implications of the learning organization: a new tool for internal marketing. Journal of Services Marketing, 1995, 9 (4): 43.

58. Carman J.. Consumer perceptions of service quality: an assessment of the SERVQUAL Dimensions. Journal of Retailing, 1990, Spring (1): 33-55.

59. Caruana A., Calleya P.. The effect of internal marketing on organizational commitment among retail bank managers. International Journal of Bank Marketing, 1998, 16/3: 108-116.

60. Caruana A., Pitt L.. INTQUAL—an internal measure of service quality and the link between service quality and business performance. European Journal of Marketing, 1997, 31 (8): 604.

61. Chaston I.. Internal customer management and service gaps within the UK manufacturing sector. International Journal of Operations and Production, 1994, 14 (9): 45-56.

62. Collins B., Payne A.. Internal Marketing: A New Perspective for HRM. European Management Journal, 1991, 9: 261-270.

63. Cronin J. J., Taylor S. A.. Measuringservice quality: A re-examination and extension. Journal of Marketing, 1992, 56 (3): 55-68.

64. Fisk R. P., Brown S. W., Bitner M. J.. Tracking the Evolution of the Services Marketing Literature. Journal of Retailing, 1993, 69 (1): 61-103.

65. Foreman S. K., Money, A. H.. Internal marketing-concepts measurements and applications. Proceedings of the Marketing Education Group. Bradford. Lexington. MA., 1995: 301-313.

66. Freeman S., Varey R. J.. The effects of entrepreneur characteristics and gender-based management and communication styles from an internal marketing perspective, within both a small and large business environment. Marketing Education Review, 1997, 3 (3).

67. George W. R.. Internal Marketing and Organizational Behavior: A Partnership in Developing Customer-Conscious Employees at Every Level. Journal of Business Research, 1990, 20: 63-70.

68. Glassman, Myron, McAfee. Integrating the Personnel and Marketing Functions. Business Horizons, 1992, 35 (3): 52-59.

69. Gremler D. D. , Bitner M. J. , Evans K. R.. The Internal Service Encounter. International Journal of Service Industry Management, 1994, 5 (2): 34-56.

70. Griffin A. , Hauser J. R.. Integrating R&D and marketing: A review and analysis of the literature. Elsevier Science Inc., 1996.

71. Grönroos C.. Relationship Approach to Marketing in Service Contexts: The Marketing and Organizational Behavior Interface. Journal of Business Research, 1990, 20: 3-11.

72. Grönroos C.. From Marketing Mix to Relationship Marketing towards a Paradigm Shift in Marketing. Management Decision, 1994, 32 (2): 4.

73. Gummesson E.. Marketing-Orientation Revisited: The Crucial Role of the Part-Time Marketer. European Journal of Marketing, 1991, 25 (2): 60-75.

74. Gummesson E.. Using internal marketing to create a new culture: The case of Ericsson quality. Journal of Business and Industrial Marketing, 1987, 2 (3): 23-28.

75. Gupta A. K. , Rogers E. M.. Internal marketing: integrating R&D and marketing within the organization. The Journal of Consumer Marketing, 1991, 8 (3).

76. Gupta A. K. , Raj S. P. , Wilemon D.. A model for studying R&D-Marketing interface in the product innovation process. Journal of Marketing, 1986, 50: 7-17.

77. Gupta A. K. , Raj S. P. , Wilemon D.. Managing the R&D-Marketing Interface. Research Management, 1987, March-April: 38-43.

78. Gupta A. K. , Raj S. P. , Wilemon D. . R&D and Marketing Dialogue in High-Tech Firms. Industrial Marketing Management, 1985, 14: 289-300.

79. Hales C. . Internal marketing as an approach to human resource management: a new perspective or a metaphor too far. Human Resource Management Journal, 1995, 5 (1): 50-71.

80. Harari O. . Should internal customers exist. Management Review, 1991, July: 41-3.

81. Harris L. C. . The organizational barriers to developing market orientation. European Journal of Marketing, 2000, 34, 5/6: 598-624.

82. Harris L. C. . Cultural domination : The key to a market oriented culture. European Journal of Marketing, 1998, 32, 3/4: 354-373.

83. Harris L. C. . Cultural obstacles to market orientation. Journal of Marketing Practice: Applied Marketing Science, 1996, 4 (2): 36-52.

84. Hartline M. D. , Ferrell O. C. . The management of customer contact service employees: an empirical investigation. Journal of Marketing, 1996, 60: 52-70.

85. Hastrecht V. R. , Bekkers M. . Marketing of change: the added value of internal marketing to change management. 24th EMAC Conference Proceedings, 1995: 1243-1261.

86. Jaworski B. J. , Kohli A. K. . Marketorientation: antecedents and consequences, Journal of Marketing, 1993, 37: 53-70.

87. Keller, Scott B. . Internal relationship marketing: a key to enhanced supply chain relationships. International Journal of Physical Distribution & Logistics Management, 2002, 32 (8): 649-668.

88. Kelly S. W. . Discretion and the service employee. Journal of Retailing, 1993, 69 (1): 104-126.

89. Kohli A. K. , Jaworski B. J. . Marketorientation: the construct,

research propositions, and managerial implications. Journal of Marketing, 1990, 54: 1-18.

90. Levitt T.. Production lineapproach to service. Harvard Business Review, 1972, September-October: 41-52.

91. Lings I. N., Brooks R. F.. Implementing and measuring the effectiveness of internal marketing. Journal of Marketing Management, 1998, 14 (4/5).

92. Lings I. N.. Balancing internal and external market orientations. Journal of Marketing Management, 1999, 15: 239-263.

93. Lings I. N.. Internal marketing and supply chain management. Journal of Services Marketing, 2000, 14 (1): 27-43.

94. Lucas, George H., Bush A. J.. The Marketing-R&D Interface: Do Personality Factors have an impact. Journal of Product Innovation Management, 1988, 5 (4): 257-268.

95. Money A. H., Foreman S.. The measurement of internal marketing: a confirmatory case study. Journal of Marketing Management, 1996, 11 (8): 755-766.

96. Morgan R., Hunt S. D.. The commitment-trust theory of relationship marketing. Journal of Marketing, 1994, 58 (3): 20-38.

97. Morgan R., Strong C. A.. Market orientation and dimensions of strategic orientation. European journal of marketing, 1998, 32, 11/12: 1051-1073.

98. Narver J. C., Slater S. F.. The effect of a market orientation on business profitability. Journal of marketing, 1990, October.

99. Parasuraman A., Zeithaml V. A., Berry L. L.. SERVQUAL: A multiple-item scale for measuring consumer perceptions of service quality. Journal of Retailing, 1988, 64: 12-40.

100. Piercy N., Morgan N.. Internal marketing: making marketing happen. Marketing Intelligence and Planning, 1990, 8 (1): 4-6.

101. Piercy N.. Marketing implementation: the implications of marketing paradigm weakness for the strategy execution process.

Journal of the Academy of Marketing Science, 1998, 26 (3): 222-226.

102. Piercy N.. Customer satisfaction and the internal market: marketing our customers to our employees. Journal of Marketing Practice and Applied Marketing Science, 1995, 1 (1): 22.

103. Piercy N. F.. Barriers to implementing relationship marketing: analyzing the internal market-place. Journal of Strategic Marketing, 1998, 6: 209-222.

104. Piercy, N. , Morgan N.. Internal marketing: the missing half of the marketing programme. Long Range Planning, 1991, 24 (2): 82-93.

105. Pine II, B. Joseph, James H J. Gilmore. Welcome to the Experience Economy. Harvard Business Review, 1998 (7-8): 97-105.

106. Pitt L. F. , Foreman S. K.. Internal marketing role in organizations: a transaction cost perspective. Journal of Business Research , 1999, 44: 25-36.

107. Richardson B. A, Robinson C. G.. The impact of internal marketing on customer service in a retail bank. Journal of Bank Marketing, 1986, 4 (5): 3-30.

108. Ruekert R. W. , Walker O. C.. Marketing's interaction with other functional units: a conceptual framework and empirical evidence. Journal of Marketing, 1987, 51: 1-19.

109. Sasser W. E. , Arbeit S. P.. Selling Jobs in the Service Sector. Business Horizons, 1980, February: 58-59.

110. Schmitt B.. Experiential Marketing. Journal of Marketing Management, 1999, 15: 53-67.

111. Siguaw J. A. , Brown G. , Widing R. E.. The influence of the market orientation of the firm on sales force behaviour and attitudes. Journal of Marketing Research, 1994, 31 (1): 106-116.

112. Slater S. F. , Narver J. C.. Market orientation and the learning

organization. Journal of Marketing, 1995, 59: 63-74.

113. Souder, William E.. Managing relations between R&D and marketing in new product development projects. Journal of Product Innovation Management, 1988, 5 (1): 6-19.

114. Srivastava, Rajenda K., Tasadduq A. Shervani, Liam Fahey. Market-Based Assets and Shareholder Value: A Framework for Analysis. Journal of Marketing, 1998, 62 (1): 2-18.

115. Straughan, Robert D., Cooper, Marjorie J.. Managing Internal Markets: A Conceptual Framework Adapted from SERVQUAL. The Marketing Review, 2001, 2 (3): 253-265.

116. Tansuhaj P. S., Randall D., McCullough J.. A Services Marketing Management Model: Integrating Internal and External Marketing Functions. Journal of Services Marketing, 1988, 2: 31-38.

117. Tansuhaj P., Wong J., McCullough J.. Internal and external marketing: effect on customer satisfaction in banks in Thailand. International journal of Bank Marketing, 1987, 5 (3): 73-83.

118. Thomas R. K., Farmer E., Wallace B.. The Importance of Internal Marketing: The Case of Geriatric Services. Journal of Health Care Marketing, 1991, 11: 55-58.

119. Varey R.. A model of internal marketing for building and sustaining a competitive service advantage. Journal of marketing management, 1995, 11: 41-54.

120. Winter J. P.. Getting your house in order with internal marketing: A marketing prerequisite. Health Marketing Quarterly, 1985, 3 (1): 69.

121. Yates-Mercer P. A., Steward Y. F.. The marketing of internal business information services. Journal of Information Science Principles and Practice, 1991, 17 (4): 221-233.